万物互联时代企业转型实战

赵云渤◎著

Broken

All things Connected Age Enterprise Transformation of Actual Combat

北 京

图书在版编目（CIP）数据

破局：万物互联时代企业转型实战/赵云渤著.
北京：中国经济出版社，2016.12
ISBN 978-7-5136-4442-6
Ⅰ.①破… Ⅱ.①赵… Ⅲ.①互联网络—应用—企业管理—研究 Ⅳ.①F270.7
中国版本图书馆 CIP 数据核字（2016）第 259789 号

策划编辑 伏建全
责任编辑 孙晓霞 孙喆浩
责任审读 贺 静
责任印制 马小宾
封面设计 九品轩

出版发行 中国经济出版社
印 刷 者 北京柏力行彩印有限公司
经 销 者 各地新华书店
开　　本 710mm×1000mm 1/16
印　　张 18.25
字　　数 180 千字
版　　次 2016 年 12 月第 1 版
印　　次 2017 年 8 月第 3 次
定　　价 58.00 元
广告经营许可证 京西工商广字第 8179 号

中国经济出版社 **网址** www.economyph.com **社址** 北京市西城区百万庄北街 3 号 **邮编** 100037
本版图书如存在印装质量问题，请与本社发行中心联系调换（联系电话：010-68330607）

破局
万物互联时代
企业转型实战

目录

序　言
商业进化永无止境

第一章
思辨：产业互联网的机遇与挑战

第二章 致知：万物互联的商业基因

第三章
破局：企业转型升级的四级动能

第四章
升维：微创新与颠覆式创新

序言

商业进化永无止境

帝王哲学家、《沉思录》作者马可·奥勒留说："我们听到的一切都是一个观点，不是事实。我们看见的一切都是一个视角，不是真相。"

大部分人所看到的互联网时代里，互联网经济对传统行业的颠覆，新兴企业对传统企业的冲击，这些只是商业竞争的一个局部视角和外在表现，本质上体现的是商业经济进化历史的其中一个阶段和历程。

拨开云雾见月明。走出对互联网时代商业竞争的认识误区，才能迎来中国经济转型升级的大未来。

生物在进化 商业也要进化

19 世纪中叶，英国博物学家达尔文创立生物进化学说，推翻了神创论等唯心主义及形而上学在生物学中的统治地位，使生物学发生了一个革命性的变革，同时对人类学、心理学及哲学发展产生了不容忽视的影响。

达尔文在震动当时学术界的《物种起源》一书中用大量资料证明，生物是通过遗传、变异和自然选择，从低级到高级，从简单到复杂，种类由少到多地进化着、发展着。

达尔文认为，生物之间存在生存争斗，适者生存下来，不适者则被淘汰，这就是自然的选择。自然界的演进，能够生存下来的生物，并不一定是体积最庞大又或者最强有力的，但是肯定是最适应当时环境的。

“物竞天择，适者生存”。生物界如此，商界亦如此。纵观古今中外商业发展历史可以看出，商业演变正是由各个时代不同的生产工具、生产力与生产关系相互促进而产生的。特别是作为一个新物种，“现代公司”的发展历程，直接反映了上百年来全球商业的进化之路以及随之发生的所有变局。

2015 年，一份“近 100 年全球 25 家最顶尖公司的共性”的报告被商业界热传。报告深入分析全球最顶尖的最赚钱的、截至 2013 年 12 月 28 日市值 1000 亿美元以上、成立时间在 1900 年之后的非行政垄断型企业，得出一个惊人的规律，谁能够适应市场的变迁，迅速调整方向，谁就能够成就百年基业。

基业长青的企业，总是那些能够不断适应市场变化，具有敏锐触觉，能够及时转型的企业。策略并不是越复杂越好，简单而有效的执行最重要。

在过去的几十年里，以信息革命为引导的第三次工业革命使国际社会经济发生了翻天覆地的变化，随着互联网、移动互联网、物联网、云计算、大数据、虚拟现实、人工智能等先进技术的发展和应用，互联化、数字化、智能化成为商业经济的重要特征，对整个商业生态环境产生了重大影响，推动了各行各业的重大变革。

近十年来，互联网经济新势力对传统企业的冲击、革命甚至颠覆，主要是因为他们本身就是互联网时代出现的物种，对互联网技术具有先天的亲和力，在互联网创新成果应用方面具备巨大的先发优势。

大量的传统企业还没有来得及理解、适应互联网时代的商业进化，对互联网转型存在“无知、无能、无力”三大病症，从而被打了个措手不及。

在这个巨变、快变的时代，任何企业都应该具备一个核心能力——商业进化的能力。适者生存，不适者被淘汰，活下来的不一定是最智能、最强大的物种，但肯定是最适应变化的物种。像诺基亚、柯达、摩托罗拉一样的商业帝国会在一夜之间轰然倒塌，像 IBM、高通、沃尔玛、海尔、苏宁一样的传统企业一样也可以凤凰涅槃。

在互联网已经成为一种技术设施，消费互联网向产业互联网转移，万物互联的智能互联新时代，传统企业将取代互联网企业，成为“互联网 +”的主力。互联网创新成果与传统行业和传统企业的深度融合，必将推动各行各业的技术进步、效率提升和组织变革，提升创新力和生产力，成为传统企业获得巨大发展的重要动力。

其实，商业社会的企业和自然界的任何物种一样，都会随着时代的发展而不断试错、失败、再试错、成功，在这个进化过程中不断攀上自身进化的高峰。进化是一种必然，进化并不会有明确的方向，更不会有最后的终点。

互联时代的进化基因，不是互联网企业的专利，传统企业一样可以有互联网基因，一样能够实现、也必须完成基因进化。

不进化，就被淘汰。不自我革命，就会被人革命。

进化单元不是物种，而是基因

达尔文的进化论提出100多年后，基因研究的大门徐徐开启。英国著名演化生物学家、动物行为学家和科普作家，英国皇家科学院院士，《自私的基因》的作者理查德·道金斯提出了一个惊世骇俗的观点：进化的单元可能既不是物种，也不是群体，甚至不是个体，而是基因，基因是我们的原动力。物竞天择，竞的就是“基因”。

管理学家、《基业长青》作者吉姆·柯林斯指出，“人类历史上，一些最令人叹为观止的发明其实不是技术或产品，而是社会发明。作为20世纪的产物，现代公司也属于此类发明。”

“站在风口，猪也能飞。”这是互联网时代的一句经典台词。最近两年的中国，最潮最火最“高大上”的词汇都有一个共同特征，那就是把“互联网”作为前缀。网络上有人戏言，“互联网+传统集市=淘宝；互联网 + 传统百货卖场 = 京东；互联网 + 传统红娘 = 百合网；互联网 + 传统银行 = 支付宝；互联网 + 传统交通 = 嘀嘀打车；互联网 + 传统新闻 = 自媒体；互联网 + 通信 = 微信；互联网 + 安保服务 =360……”

看起来，一切传统经营方式都在被颠覆，一切既定商业模式都在被打破，一切固有商业思维都在被重塑，众多虚拟型、创新型的互联网企业成为主角，充当了冲到传统企业门口，或者攻进传统企业地盘的“野蛮人”。

实际上，深入分析就会发现，互联网企业只是区别于工业经济时代主要物种—传统企业的一个新物种，互联网时代的基因并不是互联网企业的专利，有些互联网企业身上一样有着工业经济时代的基因烙印，有些传统企业身上一样有着互联网时代的商业基因。

在大量传统企业受到互联网企业冲击而土崩瓦解的同时，大量的所谓互联网企业，甚至是明星企业，在大肆的炒作、疯狂的烧钱、虚假的流量，没有造血功能而以更快的速度纷纷倒下消亡。无论是传统企业还是互联网企业，符合商业进化规律、具有互联网时代商业基因的未必一定会被选择，但是违背商业进化规律、没有互联网时代商业基因的则一定会被淘汰。

互联网时代真正的商业进化基因，并不是已经成为基础设施的互联网技术，并不是甚嚣尘上的所谓“互联网思维”，也不是那些披上互联网外衣、实际仍是传统经济、“换汤不换药”的互联网商业模式，而是随着互联网从基础互联网、消费互联网到产业互联网、智能互联网的阶梯式发展，在互联网技术、价值观、方法论基础上衍生，集中体现“连接一切、用户至上、生态协同、数据驱动”四大核心逻辑和典型特性。

虽然互联网技术的广泛应用改变了人们获取信息、获取商品、获取服务、工作生活的方式，推动商业经济的信息发布、品牌传播、销售渠道、产品研发、生产制造、客户服务、组织管理、资本估值、盈利模式、产业体系等方面产生了剧烈变革，但互联网技术并没有改变商业的本质，那就是对用户需求的满足，在为用户提供价值的过程中，实现企业自身的价值。

互联网时代商业经济的四大商业基因，对于传统企业来讲并不是真正的颠覆力量，反而是新时期实现转型升级的重大助力，是支持商业经济进化的新能源。

决定你是谁的不是天赋，而是选择

商业竞争有其自身的内在规律，它是一场对利益的追求，在这个追求过程中，由于商业基因进化的区别，有的企业兴盛发展，有的企业破产倒闭。商业竞争越是激烈，优质企业的成长与劣等企业的淘汰就会越快。

亚马逊创始人贝佐斯曾说过，“决定你是谁的，不是你的天赋，而是你的选择。”每个人取得的成就不一样，最重要的区别是他们在各个关键节点上的选择是什么。企业同样如此！

财经作家吴晓波在《激荡三十年》的扉页上深情地写道，“当这个时代来临的时候，锐不可当。万物肆意生长，尘埃与曙光升腾，江河汇聚成川，无名山丘崛起为峰，天地一时，无比开阔。”

在这个波澜壮阔的互联网时代，群雄并起、逐鹿天下，运筹帷幄、决胜千里。作为“后起之秀”的互联网企业和虚拟经济一时风头无两，一些传统行业和传统企业“前辈”们看上去正以飞快的速度老去，以至于大家都在探讨以下严肃的命题：引领中国商业数十年的传统企业和实体经济，是不是已经完成了其“历史使命”？未来站在舞台中心的，又会是谁？

互联网经济已经出现巨大泡沫，中国经济的未来是实体经济而不是虚拟经济，正在成为政产学研的一致观点。也正因此，互联网巨头正在利用高估值的优势加速向实体经济领域渗透和扩张，以夯实虚拟经济的基础，降低即将来到的第二轮互联网泡沫破灭的风险。

与此相反，互联网企业的纷纷崛起，推动了互联网的全面普及和广泛应用，完成了对市场、对从业者的普及教育，培育了消费者的习惯，为传统企业实现商业进化和转型升级提供了坚实的基础和肥沃的土壤。插上科技的翅膀，传统企业能够飞得更高、更快、更远。

在这个剧烈变革的互联网时代，企业最大的风险不是变革本身，而是墨守成规、固步自封，延续传统的逻辑和做法。是用原来的思维、原来的观念、原来的做法继续往下走，还是积极拥抱新的变化、拥抱新的基因、拥抱新的文明，选择直接决定未来！

传统企业和互联网企业，本质上没有高低、好坏之分。

顺应时代、不断创新，才是一个企业不断向前的唯一选择。

真正的困境不是有多难，而是不知道该往哪走

互联网时代，传统企业到底该如何生存？

看一个产业有没有潜力，看它离互联网有多远；看一个企业有没有竞争力，就看它与互联网融合得怎么样。

只要搞懂“互联网+”转型为什么、是什么、做什么、怎么做，我坚信大家一定会认识到，“互联网+”时代的来临是全社会的福音，传统企业一样大有可为。

在多数传统企业仍在害怕、畏惧、彷徨、摸索的时候，家电、汽车、服装、家居、机械、食品等行业，海尔集团、美的集团、红领、娃哈哈、苏宁、传化、宋城、沈机等企业，已经勇敢地投身互联网经济大潮，打破固有的思想思维，摆脱体制机制的束缚，充分利用互联网工具、精神、思维和方法进行企业再造，与互联网企业进行贴身博弈，并且取得了明显的成绩。

它们用自己的实际行动和卓越成效，谱写出一首首“互联网+”转型的经典乐章，也为众多传统企业提供了“互联网+”转型实战的样本，更用铁的事实证明，传统企业完全可以在“互联网+”转型新时代创造新的奇迹。

经过广泛收集材料，反复思考论证，笔者充分吸收互联网技术、价

值观和方式论，借鉴传统企业“互联网+”转型的典型经验和教训，从笔者所在企业的真实实践出发，最终总结提炼出一个由“动力、要素、方法、路径”四大方面内容组成的实战路线图和系统解决方案。

笔者所在企业是一家地处中国西南边陲，规模在行业排位靠后的国有大型传统消费品企业。在短短三年时间内，公司形成了覆盖传播、研发、营销、采购、制造、物流、管理、培训、公益等生产经营各个领域的“互联网+”架构体系，跨过全国实体经济持续低迷的深渊，在全行业销量持续下滑、结构提升乏力、增长速度回落的不利局面下，推动自身品牌实现规模扩张与结构提升，培育出一批新经济、新业态、新模式子公司，实现后来居上、异军突起，40多个“互联网+”项目中，2个项目获得上市公司投资，2个单位成为省级先进单位，3个项目获得国家发改委“互联网+”专项扶持基金4.8亿元，承接了3个省级“互联网+”研究课题，成为行业内外众所瞩目的一匹黑马，展现出一幅“万绿丛中一点红”的美丽画卷。行业内外企业纷纷前来沟通交流，笔者从中也受到了更多启发，也正是大家的共同困惑激发了本书的写作。

万物互联的产业互联网时代，传统企业大有可为

信息革命先后经历了PC时代、互联网时代、移动互联网时代，正在进入物联网时代，未来必然步入万联网时代。已经过去的三个时代，可以统称为消费互联网时代，即将到来的两个时代，可以看做产业互联

网时代。

一个完整的商业全生命周期，或者说可持续的商业模式，包括价值创造、价值传递和价值实现三个过程，缺一不可。价值创造包括需求调研、技术研发、物资采购、生产制造、售后服务，形成可供销售的产品；价值传递通过信息发布、品牌传播、市场营销将价值传递给用户；价值实现则是在创造价值和传递价值的过程中实现盈利和资产保值增值，从而完成资本的循环。

我国互联网经济的繁荣，主要是在价值传递领域的繁荣。中国的大多数互联网巨头，做的基本上都是互联网领域价值传递的工作，主要体现为信息传递和商务交易，但是随着信息量和交易量的不断扩大，用户满意度却在不断下降，出现了价值传递的“繁荣困境”。与此同时，互联网经济“秒杀”传统企业的价值实现领域也出现了“泡沫破灭”的迹象，资本对互联网经济的投资热度和估值水平出现了“断崖式”下滑。

实际上，从消费者需要的终极利益来讲，价值创造远高于价值传递，价值实现更与消费者没有任何的关系。但从实施难度上来看，则是价值传递难度最小，价值创造难度最大。而正是互联网经济在价值传递上的极度繁荣，将本来长于价值创造的传统企业拖入了价格战和持续亏损的泥潭，导致它们无心无力进行价值创造，破坏和抑制了消费者对优质产品的体验和需求。

消费互联网主要改变了人们社交的方式、生活的方式，改变了企业发布信息、传播品牌、销售产品的方式；产业互联网正在改变需求调研、技术研发、物资采购、生产制造和售后服务。新一代信息技术从价值传递环节向价值创造环节渗透，对原有的传统行业和传统企业起到很大的转型升级作用。其实，无论是价值创造还是价值传递，只要能够真正让消费者得到实惠，让消费者拥有价值，提升消费者体验，都是好的价值。

回顾过去，如果你不知道互联网，那你还只是不知道互联网。展望未来，如果你不知道互联网，那你不知道的就多了。互联网已经深入我们的骨髓，已经改变，正在改变，仍将改变我们的社会、经济、工作和生活。

未来，没有互联网经济和传统经济之争，也没有互联网企业和传统企业之分，因为所有的企业都将互联网化。并不是所谓传统企业都会消失，并不是所有互联网企业都能存活，只有拥有连接一切、用户至上、生态协同、数据驱动基因的企业才能实现商业进化。

传统企业如果已经错过互联网、移动互联网的浪潮，正在到来的物联网和万联网浪潮绝对不能逃避，无须恐惧，积极面对，主动适应，加以利用，便能顺势而起、乘风飞扬。

传说中，凤凰每隔五百年，都要投身熊熊烈火中自焚，在肉体经受巨大的痛苦和轮回后才能得以重生，其羽更丰、其音更清、其神更髓。

传说中，老鹰的寿命可以达到七十年，但在四十岁时，必须历经一个十分痛苦的蜕变过程，在长达一百五十天的时间里，靠着击打岩石来拍掉长喙，用新长出的喙来拔掉老爪甲，然后用新生的爪甲拔掉老旧飞羽。

抛开凤凰涅槃和鹰的重生是否客观真实不论，这两个传说都告诉我们，无论是做人还是做企业，在面对困境和挑战的关键时刻，一定要勇敢地做出决定，勇于接纳新事物，果断摆脱旧束缚，坚定完成蜕变，才能迎接新生。

根据历史规律，每一轮产业技术革命都至少有五十年的核心发展周期，其中前二十年为普及期，后三十年才是高潮期。互联网技术发展至今，刚刚度过了普及期，移动互联网才刚刚开启，物联网技术刚刚取得突破，人工智能正在不断推进，产业互联网离我们越来越近。

电子商务发展到现在，未来无电不商、无商不电已经成为共识，相信未来的任何产业、任何企业都会是“互联网＋”“＋互联网”的践行者，最终都会走向“互联化、数字化、智能化”。技术爆炸、创新人才的红利才刚刚开始，如果不想落后于人，不想被时代抛弃，那就赶快吸收互联网时代的基因，快速实现商业进化，投入“互联网＋”转型的飞翔轨道吧！

如果你已经错过了互联网、移动互联网的消费互联网时代，请不要再错过物联网、万联网的产业互联网时代。

坐而论道，不如起而行之。——越早越好！

第一章

思辨：产业互联网的机遇与挑战

艾伯特·拉斯洛·巴拉巴西在《爆发》中指出：互联网是一股变革的力量。互联网几乎改变了每个人的生活，而在即将到来的几年内，它将继续带来更多的变化。

互联网进入中国20多年来，通过人与内容、人与人、人与产品、人与服务、人与物的互联互动，对社会经济发展和人们工作生活等方面产生了巨大的影响，极大地改变了我们的生活、生产、工作方式，对传统经济造成了巨大的破坏、冲击甚至颠覆，传统企业也度过了一段“最坏”的时代。

随着中国网民高速增长红利结束，消费互联网市场格局走向相对稳定的时期，以“互联网+”上升为国家战略的标志，以物联网、人工智能（机器智能）、虚拟现实等黑科技突破为契机，产业互联网大幕正在开启，互联网逐步下沉为基础设施，与实体经济渐渐融为一体，产业互联网替代消费互联网成为新的风口，传统企业正在迎来“最好”的时代！

商业基因的进化是所有企业实现生存发展的必经之路，在这个即将到来的变化最为剧烈、最为激荡人心、最为伟大而神奇的产业互联网时代，一些传统企业却患上了“无知、无能、无力”焦虑症，感觉自己就是一只趴在玻璃上的苍蝇，虽然前面是光明的，但却总找不到出路。

第一节　信息革命第二次高潮到来

综观全球社会发展史，特别是现代社会发展史，科学技术在社会发展的历史过程中扮演越来越重要的角色，起着不可替代的作用。每一次重大技术的突破，都使人类生产力发生了巨大的飞跃，对世界政治格局、经济发展和生产生活方式的变革产生了极其深刻的影响。

英国演化经济学家卡萝塔·佩蕾丝在《技术革命与金融资本》中提出，人类社会发生的每一次技术革命，都形成了与其相适应的技术—经济范式。每一次技术革命都有两个不同的阶段：第一个阶段是导入期，也就是新兴产业的兴起和新基础设施的广泛安装；第二个阶段是展开期，也就是各行各业应用的蓬勃发展和初有收获的时候。

在前一个时期，新技术对于传统社会经济产生的冲击还只是局部的，而在后一个时期，随着科技技术应用水平的全面覆盖，必将进一步促进其他各行各业的大发展，真正发挥出新技术对整体社会经济的全面改进和提升作用。

随着国家政策的不断出台和产业创新的不断推进，信息技术革命正在进入第二个阶段，以互联网为代表的新一代信息技术进入集成创新和跨界融合的爆发期，必将引领新一轮科技革命和产业变革向纵深发展，不断创造出多种多样的经济新业态、新模式，成为传统企业在经济新常态下实现转型升级的引擎和动力。

1. 新基础设施

农业社会时代，土地、农具成为基本的生产要素；工业社会时代，机器、能源、道路成为最重要的生产资料；信息社会时代，互联网如同过去的土地、机器、能源、道路一样，成为当今社会各行各业都能调用的重要基础设施。

如今的互联网，已经不仅仅是用来提升效率的工具，也不再是一个单纯的行业，而是像水电气一样渗透到了各个领域，成为人类最基本的生存需要，成为推动全社会产业再造、企业转型、创新创业的重要力量和肥沃土壤，传统经济和互联网经济的界限也正在慢慢消亡、两者趋向融为一体。

互联网的概念从原来单纯的网络，扩展到“网络 + 云资源 + 公共平台”的综合体，提供的服务从通信传输扩展到了“资源 + 通信 + 信息应用”的综合服务。基础网络也不再是以传统硬件为主、设备种类繁多的电信网络，而是软件化集约控制、设备通用化和标准化的智能网络。这些基础设施的提供者除了传统的电信运营商，也还包括了所有的政府公共平台、大型互联网企业和大型企业集团。

1987 年 9 月 14 日，北京市计算机应用技术研究所实施的国际联网项目——中国学术网发出中国第一封电子邮件，揭开了中国人使用互联网的序幕。1994 年 4 月 20 日，一条带宽 64K 的国际专线，让中国互联网正式与国际互联网接轨，从此中国被国际上正式承认为真正拥有全功能互联网的国家。

20 多年过去了，当今中国，互联网已经渗透到了社会经济和企业运营的整个链条之中，深入人们的生活工作之中。从基础设施，到基本应用，到商务应用，再到公共资源，完成了从互联网“追随者”向“引领者”的转变，并正朝着网络强国的方向迈进，网民规模全球第一，移动宽带覆盖全球第一，网络零售交易额全球第一。中国互联网络信息中心（CNNIC）每年两次发布的《中国互联网络发展状况统计报告》相关数据显示，互联网作为一种基础设施已经得到广泛普及。

在接入层面，互联网作为一种基础设施已经得到广泛普及，网络速度发生了翻天覆地的变化，接入终端多种多样，并且实现从单屏到多屏的同步。截至 2016 年 6 月底，我国域名总数 3698 万个，网站总数 454 万个，IPv4 地址数量为 3. 38 亿个，国际出口宽带 6220764Mbps；网民规模达到 7. 1 亿，手机网民规模达到 6. 56 亿，农村网民规模达到 1. 91 亿，互联网普及率达到 51. 75%；网民通过台式电脑和笔记本电脑接入互联网的比例分别为 64. 6% 和 38. 5%，手机上网使用率为 92. 5%，平板电脑上网使用率为30.6%，电视上网使用率为21.1%，手机网民中通过3G/4G上网的比例为91.7%，网民通过Wi－Fi无线网络接入的比例达到92.7%，公共Wi－Fi使用比例占到42.4%。

在应用层面，互联网已经得到深度使用，并且越来越丰富多彩，从最早的BBS、门户网站、B2B电子商务，发展到网络文学、网络游戏、社交，再到现在的网络零售、移动支付、导航应用等蓬勃发展，我们不仅可以通过门户网站获取资讯，还可以登录微博、微信与好友及时互动，而且能通过手机APP购买、支付各类服务。网上支付用户规模达4.16亿人，在线教育用户规模达1.10亿人，互联网医疗用户规模为1.52亿人，网络预约出租车用户规模为9664万人，网络预约专车用户规模为2165万人。

在企业层面，企业互联网化正在加速推进，大量的互联网“独角兽”企业纷纷涌现，“两化融合”不断深入。中国企业使用计算机办公的比例为95.2%，使用互联网的比例为89.0%；通过固定宽带接入方式使用互联网的企业比例为86.3%，移动宽带接入方式占23.9%；企业广泛使用多种互联网工具开展交流沟通、信息获取与发布、内部管理、商务服务等活动，且已有相当一部分企业将系统化、集成化的互联网工具应用于生产研发、采购销售、财务管理、客户关系、人力资源等全业务流程中。34.0%的企业在基层设置了互联网专职岗位，24.4%的企业设置了互联网相关专职团队，中决策层主导互联网规划工作的比例达13.0%，利用互联网开展营销推广活动的比例为35.5%，微信营销推广使用率达 75.3%，开展在线销售、在线采购的比例分别达到 32.6% 和 31.5%。

在影响层面，互联网不再是简单的消费品，而是作为重要的生产要素，互联网不仅与人们的生活紧密相连，而且与实体经济结合得愈加紧密，对国计民生都起到了重大的影响作用。特别是随着互联网、云计算、大数据、物联网等创新技术的快速发展，大大拓宽了互联网应用的深度和广度，互联网已渗透政治、经济、社会、民生、军事、文化等各个方面，不仅深入商贸、医疗、教育、交通、社保、流通等民生领域，对国家政治、新闻舆论、经济发展、民生管理等产生了重大影响，推动产业格局、企业发展、经济运作发生了巨大改变，政府实现了政务公开和高效政务，企业面临更多调整、也拓展了更多商机，用户获得了更多新体验。

2. 新经济形态

自 1969 年互联网发明以来，互联网的应用可以划分为四个阶段：

第一阶段：以门户为形态、单向信息传递为主要特征的 WEB1.0 阶段，Yahoo、AOL、Google、亚马逊、EBAY、新浪、网易、搜狐、淘宝、瀛海威为代表。

第二阶段：以社交为形态、双向互动为主要特征的 WEB2.0 阶段，YouTube、Facebook、Twitter、QQ、微博、阿里旺旺为代表。

第三阶段：以 SoLoMo（社交 + 本地 + 移动）为形态、以内容与服务并重为主要特征的WEB3.0时代，iOS、Android等各种操作系统，以及微信、打车、外卖等各种APP工具为代表。

第四阶段：以智能硬件为形态、以移动化、数字化、智能化为主要特征的WEB4.0阶段，智能手机、智能家电、智能汽车、智能装备、虚拟现实等为代表。

随着互联网应用发展的四个阶段，互联网迅速渗透人们生活的每个领域，逐步渗透入社会经济和产业的各个层面，随之先后产生了信息门户、电子邮箱、搜索引擎、电子商务、新型媒体、移动社交、网络游戏、移动支付、网络视频、电子政务、智慧城市、智能制造、互联网金融、互联网交通、互联网医疗、互联网教育、在线旅游、在线婚恋、大数据、云计算以及团购、社群、众包、众筹、生态、共享等商业新形态、新模式。

与此相对，在互联网经济里出现了腾讯、百度、阿里巴巴、奇虎360、乐视、新浪、网易、京东、优酷土豆、滴滴、58同城、小米、美团与大众点评、珍爱网、百合与世纪佳缘等大量“独角兽”企业，对世界互联网的发展创造提供了独特的价值，在世界互联网舞台上占据了重要地位。

随着将互联网技术、价值观、方法论导入传统企业，对传统企业进行改造，也出现了媒体融合、定制生产、智能制造、内部创业、双线融合、产品服务、供应链金融等商业新形态和新模式，苏宁云商、海尔集团、美的集团、TCL集团、华为公司、红领服装、沈阳机床、陕鼓风机、南方航空、三只松鼠、一袋洗等企业通过互联网转型打开了一条新的企业发展道路。

国务院印发的《关于积极推进“互联网＋”行动的指导意见》强调，要坚持开放共享、融合创新、变革转型、引领跨越、安全有序的基本原则，充分发挥我国互联网的规模优势和应用优势，坚持改革创新和市场需求导向，大力拓展互联网与经济社会各领域融合的广度和深度，推动技术进步、效率提升和组织变革，提升实体经济的创新力和生产力，形成更广泛的以互联网为基础设施和创新要素的新经济形态。

围绕转型升级任务迫切、融合创新特点明显、人民群众最关心的领域，还提出了11个具体行动，其中就指出了多种新经济形态和商业模式，包括创业平台、协同制造、智能制造、大规模个性化定制、制造业服务化、精准农业、智慧能源、普惠金融、新兴消费、新兴服务、智能仓储、智能物流、农村电商、行业电商、跨境电商、智能交通、环境动态监测、人工智能等。

总之，网络经济已经成为世界经济发展速度最快、潜力最大、合作最活跃的领域之一，“互联网＋”作为一种新的经济形态，代表了未来的发展方向和趋势。

单就电子商务来说，根据中央财经大学中国互联网经济研究院、经济学院《互联网经济：中国经济发展的新形态》课题组的判断，2020年左右将是我国互联网经济发展的攻坚点，互联网经济逐步成为国民经济的主导形态，网络的无形市场规模将接近传统的有形市场规模，电子商务交易规模将达到50万～70万亿元，年均增速度22.6%～31.2%，电子商务经济对GDP的贡献超过15%，成为全球规模最大、最具国际竞争优势的电子商务经济体。

3. 新增长动力

世界各国经济发展史和产业革命变迁史表明，在不同增长阶段上，经济依赖的主要动力有所不同，相应的发展方式也要进行调整；经济周期或者经济波动与新兴技术两者之间具有重要的联系，每一次技术革命都带来新兴产业的出现，并主导完成对传统产业的更新改造、生产效率的全面提高，进而启动下一轮经济扩张。

当前，全球互联网发展正进入泛在普及、深度融合、变革创新、引领转型的新阶段，随着互联网的进一步广泛渗透，以互联网为代表的新一代信息技术处于集成创新和跨界融合的爆发期，不断引领新一轮科技革命和产业变革向前发展，也令人震撼地推进了人类生产、生活方式的变革，日益成为创新驱动发展的先导力量，有力地推动社会发展与经济转型，对各国经济社会运行、生产生活方式、公共服务模式正在产生根本性、全局性的影响。

接入互联网20多年来，中国互联网产业获得巨大的发展，从无到有、从小到大、由大渐强，中国成为互联网用户和产业大国，拥有全球规模最大的宽带网络，拥有全球最多的互联网用户，拥有全球瞩目的互联网模式，更重要的是拥有了一大批懂互联网、爱互联网、做互联网的优秀专业人才队伍。

十八大以来，党中央、国务院反复强调创新是引领发展的第一动力，是推动一个国家、一个民族向前发展的重要力量，着力实施创新驱动发展战略，高度重视网络安全和信息化工作，站在新的历史起点，做出建设网络强国、完善互联网管理领导体制、“互联网＋”“中国制造2025”“宽带中国”等系列重大战略决策。

在政策扶持与产业创新的双轮驱动下，中国互联网进入了加速发展的快车道，不断为经济转型升级注入新动力，为社会生产生活构筑新空间，为国家治理能力现代化提供新支撑，中国正从网络大国向网络强国迈进。

随着互联网基础设施的不断完善，和新一代信息技术的广泛应用，互联网正在向越来越多的产业和实体经济加速渗透，利用互联网技术的创新层出不穷，“互联网＋”逐渐成为中国经济社会各领域发展的新途径，成为“大众创业，万众创新”、激发人力资本红利的聚集平台，成为促进产业融合发展、经济转型升级、释放产业潜能的重要引擎，成为壮大信息消费、拉动新兴消费、扩大消费渠道、提升消费品质的强劲动力，成为培育网络经济发展新动能、推进供给侧结构性改革的关键要素。

信息技术具有高度的创新性、渗透性、倍增性和带动性特点，互联网打破了信息传递的时空局限，降低了信息搜索成本和交易成本，促进了分工深化，提高了劳动生产率，在我国经济发展新常态下，信息技术、互联网产业将成为提升要素生产率、加快要素驱动向创新驱动转变的重要引擎，扮演经济增长倍增器、发展方式转换器、产业升级助推器的重要角色，成为贯彻落实“创新、协调、绿色、开放、共享”发展新理念、推进供给侧结构性改革的重要依托，为各行各业的转型升级提供了重要平台和机遇。

随着互联网、移动互联网、大数据、云计算、物联网、人工智能、虚拟现实等数字技术，从互联网产业不断向传统产业延伸和渗透，各种新产品、新模式、新业态不断涌现，同时也引发了传统产业发展理念、用户角色、业务形态、生产要素、组织模式和管理模式的深刻变革。互联网和实体经济的深度融合发展，以信息流带动技术流、资金流、人才流、物资流，可以加速技术革新进度，优化资源配置，降低生产成本，提升全要素生产率，拓宽产品市场，优化产能结构，缩短生产周期，加速消费升级，为推动创新发展、转变经济发展方式、调整经济结构发挥积极作用。。

根据埃森哲的调查，许多中国企业正在利用物联网的道路上阔步前行，几乎所有的受访者都表示，所在企业正评估或积极利用这些产品；近半数的受访者确认，企业已经部署了至少一款互联产品，30% 表示正在评估如何利用物联网（其中部分正在展开试点项目），而另外 20% 则表示已经完成对了评估，并在积极筹备推广工作。

麦肯锡全球研究院发布的《中国的数字化转型：互联网对生产力与增长的影响》也预计，2013—2025 年，互联网将帮助中国提升 GDP

增长率0.3～1.0个百分点，意味着未来十年中互联网将有可能在中国GDP增长总量中贡献7%～22%。中国工程院院士、中国互联网协会理事长邬贺铨提出，“数据显示，假设说提高生产力从1%到1.5%，可以预见未来20年，互联网将使人们的收入提高25%到40%。”

第二节　产业互联网成为新风口

“站在风口，猪也能飞。”

过去20多年，凭借中国全球最大的人口红利，搭乘互联网技术的快车，互联网虚拟经济成为中国商业创新和资本市场最大的“风口”。

不断出现的互联网细分行业大规模重组并购，几大集团割据为王的稳定局面逐步形成，经济增长速度逐步回落，显示出消费互联网发展已经达到顶峰状态。

随着“互联网+”正式上升为国家战略，互联网成为一种重要的基础设施，互联网的创新成果与经济社会各领域深度融合，必将给各行各业带来巨大的变革，产业互联网、物联网蓬勃发展的黄金期正在到来。

实体经济替代虚拟经济，成为中国当前和未来相当长一段时期最好、最大、最久的“风口”。

消费互联网与产业互联网比较表

	消费互联网	产业互联网
结果	衣食住行用娱更便捷	生产交易流通融资服务管理更高效
主体	个人虚拟化	企业虚拟化
领域	内容与渠道	供应链及组织管理
关系	竞争与颠覆	协作与融合
设备	更便宜的 PC 与智能终端	更便宜的传感器及存储、计算资源
表现	眼球经济、流量为王	价值经济、智能为本
技术	传感技术、计算机与智能技术、网络通信和控制技术、微电子技术与软件技术、计算机软件与硬件	
特征	网络化、数字化、虚拟化、智能化	
基础	更便宜、更高效、更普及、更丰富的互联网络	

1. 消费互联网红利尾声

在我国互联网飞速发展的 20 多年中，层出不穷的互联网经济形态和新模式，基本围绕人类的消费而建立，以消费者为服务中心，以提供生活便利为主要方式，通过互联网技术、平台和手段对商业行为进行互联网化来满足人们的消费需求，重点包括信息消费、商品消费、服务消费，被称为消费互联网时代。

消费互联网时代商业模式的核心特征在于“眼球经济”和“流量经济”，表现为通过提供高质量的内容和有效信息来获得流量，以用户流量来换取金融资本，最后通过广告、电商、抽成、游戏道具等流量变现的形式来实现盈利，流量和入口成为互联网企业的兵家必争之地。但由于互联网产品转换成本低，难以形成差异化的竞争优势，企业之间呈现全面竞争的态势，占领市场往往只能打价格战，因而基本都陷入了巨额补贴、激烈混战、长期亏损的“囚徒困境”。

近年来，中国互联网行业的投资并购呈现井喷态势，各个细分领域兼并收购事件频频发生，众多老对手摇身一变成了新盟友，特别是一些细分行业的第一、二、三名之间，通过大规模的并购重组和战略联合实现盈利，使各个细分市场逐步形成一家独大或者两强争霸的相对稳定局面。

统计数据显示，2015 年互联网行业并购宣布 836 例，环比增长 54.24%，披露金额共 518.69 亿美元，环比增长 197.38%。据清科集团数据显示，2016 年上半年，互联网行业并购案例为 260 起，同比增长 126.1%；披露并购金额的案例数 123 起，规模达 1108 亿元，同比增长 400%。

滴滴兼并快的之后与优步中国合并，58 同城投资收购多个细分领域企业后战略入股赶集网，美团与大众点评抱团取暖成为国内最大的 O2O 公司，优酷与土豆先行合并最后被阿里巴巴全资收购，携程与去哪儿实现战略合并后入股艺龙，蘑菇街和美丽说合并成为第四大电商平台。

互联网巨头纷纷凭借流量、资金优势跨行业收购细分市场企业，不断完善自身的产业布局。自 2011 年以来，BAT 花费 4000 多亿元人民币投资并购 300 多家企业，从而分别形成以电子商务、搜索引擎、社交网络为核心，横跨搜索、电商、社交、内容、游戏、金融、安全、应用分发、本地生活、旅游、视频、文学、团购、教育、物流、智能外设等诸多领域的生态体系，垄断了中国互联网经济的半壁江山，行业集中大幅提高。

随着网络普及率的提高，互联网用户数同比增幅已经下滑至个位数，用户数和用户活跃度进一步提高的空间有限，消费者在网络上的行为习惯也趋于固定，消费互联网细分市场增速逐年下滑到了30%以下。

由于互联网巨头占据了绝大部分的市场份额，重新创建一个大的用户群比过去更加复杂，移动端的技术开发也比Web端难度更大、成本更高，消费互联网产业的投资吸引力在快速下降，互联网创业项目和公司的风险投资越来越难，投资人开始从消费市场向企业市场转移。

一切迹象显示，互联网经济的消费红利时代接近尾声。

2. 产业互联网大幕开启

随着互联网、移动互联网、云计算、大数据等先进技术的应用延伸，互联网对企业的影响从贸易端向生产端渗透，生产端的采购、制造以及供应链管理都出现了互联网化的倾向，产业互联网的大幕正在开启，B2B和智能制造成为市场的新热点，互联网系统替代原来的IT系统工业4.0替代原来的自动化，工业品垂直电商领域替代原来的贸易管道。

随着物联网、人工智能、虚拟现实等技术的持续突破，语音、图像等都有望成为交互入口，普适计算、泛在网络、智能装备进一步向生产生活、经济社会各个方面渗透，将进一步推动产业互联网的加速发展，也将给各行各业带来巨大的变革，刷脸支付、无人驾驶成为可能，精准制药和治疗、智慧安防、因材施教、智能家居、无人工厂正在逐步成为现实。

在以个人为主要用户的消费互联网市场趋于稳定与饱和的同时，以企业为主要用户的产业互联网具备巨大的发展空间，互联网与传统产业的融合具有更大的发展潜力。互联网的应用层面向网民个体到面向企业的拓展，从消费互联网到产业互联网的跃升，标志着互联网技术演进和互联网化深入进入了新阶段。

在创新技术的驱动下，通过不断的连接和聚合，对涵盖设计、研发、采购、生产、流通等各个环节进行改造，重新构建企业供应链体系、组织结构和管理模式、对外协同交互和融资方式，将不断打破产业的栅栏和篱笆，进一步提升实体经济资源的潜力和优势，提升“互联网+”在推动全要素生产力提升上的核心地位，创造出更高价值的产业形态。

与强调降低成本、降低价格的消费互联网相对比，产业互联网更强调通过生产要素的优化配置、个性化的设计与制造、各个产业间的协同提高效率和大规模应用智能设备并共享信息，来最大限度地降低对自然资源的损耗，提高产品对用户的价值，增强经济运营的整体效率。“互联网+”正在成为一种常态，“互联网+”成为所有行业创新与转型的一种化学公式。

中国互联网产业年会上发布的《2015 中国互联网产业综述与 2016 发展趋势报告》显示，“互联网 +”发展趋势不可阻挡，产业互联网将进一步蓬勃发展，相关产业欣欣向荣，技术体系日益完善。

摩尔定律推动着移动互联网、云计算、大数据、机器人、虚拟现实、传感器、集成电路、软件服务、新材料等各细分领域技术不断升级，基础设施进一步完善，相关支持政策密集出台，“互联网 +”专业服务商快速崛起，各种创业生态及孵化器纷纷崛起，传统企业与互联网企业之间的股权投资、业务合作、战略联盟、人员流动的范围和规模不断扩大，加速了互联网企业与传统企业的创新融合。

正是产业互联网的到来，使消费互联网时代濒临死亡的传统企业迅速成为了市场的新宠儿。传统企业收购整合互联网企业，互联网企业收购整合传统企业，无不显示出互联网经济正与传统经济正在步入相爱相生的热恋期。通过互联网企业与传统企业的优势互补、资源整合，创新商业模式，提升经营效率，降低运营成本，提升消费体验，呈现出双赢的良好局面。

比如，阿里巴巴战略投资银泰商业，并最终与苏宁云商通过双向持股达成商业领域的重磅战略合作；京东为了生鲜落地战略收购永辉超市控股权；小米公司为弥补内容短板战略投资爱奇艺和优酷土豆，为推广智能家电战略入股美的集团；视频生态企业乐视全资收购手机酷派；电视 VIZIO 入股 TCL；互联网金融平台东方财富收购同信证券；互联网家装齐家网入主海鸥卫浴；宋城演艺全资收购视频直播六间房；青岛金王收购互联网+化妆品品牌管家悠可等。

3. 传统经济是万物互联主角

如果说在消费互联网阶段，互联网和移动互联网是载体、网民是驱动力、互联网企业是主体的话，那么在产业互联网阶段，物联网和人工智能是载体、市场是驱动力、实体企业替代互联网企业成为主体，互联网企业在“互联网+”行动中发挥开拓者作用，但是传统企业才是最大程度享受“互联网+”成果的收割者。

包括互联网、移动互联网、云计算、大数据、物联网、人工智能（机器智能）、虚拟现实（增强现实）等在内的信息技术应用到各行各业，通过互联网创新成果与经济社会各领域的深度融合，必将推动技术进步、效率提升和组织变革，进一步提升实体经济的创新力和生产力，构建出网络化、智能化、服务化、协同化的“互联网+”产业生态体系，形成更广泛的以互联网为基础设施和创新要素的新产品、新形态、新模式，成为经济社会创新发展的重要驱动力量和新的增长动力，最终形成网络经济与实体经济协同互动的发展新格局。

在“消费互联网”时代，以互联网企业为代表的虚拟经济和以传统企业为代表的实体经济之间是水火不容、你死我活的竞争关系，革命、颠覆、淘汰、替代是主旋律。而在“产业互联网”时代，互联网经济与传统企业之间的关系不再是单纯的竞争，也不再是简单的协作，而是实现深度融合，互联网企业与传统企业互相渗透，既竞争又协作，渗透、融合、重构、合作将是主旋律。

由于互联网企业对传统产业理解不够深入，互联网行业巨头在产业互联网中并无明显的优势，他们过去的客户积累和运营经验主要集中在个人客户，在向产业互联网拓展过程中优势已不再明显，传统企业必须在“互联网+”阶段发挥主力作用。

首先，利用互联网技术对业务体系进行改造，可以消除信息不对称，减少中间环节，提升运营效率，以网络营销和电子商务为主要标志。

其次，将互联网技术、互联网价值观与传统经济进行融合，推动经济形态创新，提升供给质量，改善消费体验，以在线实体经济为主要标志。

再次，充分利用互联网技术和方法来彻底重构、精准匹配供需关系，可以从根本上改变传统世界的供需模式，形成新的经济模式，最大程度释放个体价值，实现闲散资源的充分利用，创造全新的消费场景和消费模式，以共享经济为主要标志。

最后，随着万物互联时代到来，所有经济和行为都将体现为“互联网+”“科技+”“人工智能+”“数据+”，互联网经济都会传统产业化，传统经济都会互联网化，不再有互联网经济和传统经济之分，去中心化的分布式生产、自动化网络化智能化的数字化生产、满足个性需求的定制化生产彻底改变整个世界的生产模式、供需关系和运转方式，以工业4.0、人工智能为主要标志。

第三节　传统企业的转型焦虑症

产业互联网已经成为不可阻挡的历史洪流，但传统企业运用互联网的意识和能力不足成了制约这个进程的瓶颈，很多传统企业患上了转型焦虑症，他们在“要不要，能不能，行不行，做不做，好不好，”的彷徨、折腾、痛苦中，很容易失去动力、方向和耐心。

1. 无知：不想、不动也不会

无动于衷不想转

面对互联网的冲击，一些传统企业，特别是那些传统行业龙头企业，只看到自己昨天的成功，对国际国内、宏观微观、业内业外形势的变化感触不深，觉得互联网的“狼来了”喊了那么久也没怎么样，行业生态并没有发生任何的改变，自己仍然活得很滋润，认为互联网经济并不能侵袭一切，自己原有的“王者地位”不可动摇，对互联网世界的变化反应迟钝，因此对“互联网 +”无动于衷，根本没有紧迫感和危机感，盲目乐观，在原有模式下固步自封。

而有些企业、员工甚至专家则认为，传统企业受到体制机制、思维模式、利益格局的影响，不可能实现转型升级，注定只能被互联网经济所淘汰，消失在历史和时代的洪流里。这种妄自菲薄、非此即彼的思维，是被互联网商业世界的表象所迷惑。从技术的变迁、商业的发展历史，我们可以看到，商业的本质从来就没有变，变的只是实现的方式和方法。

无从下手转不动

眼看着互联网经济“外星人”不断冲进媒体、零售、消费、手机、电视、金融、餐饮、服务等等这些自己苦心经营多年的行业，眼看着互联网、移动互联网革命的波及面越来越广、速度越来越快、冲击越来越大，眼看互联网经济和创业者不断高喊“颠覆”“革命”“免费”“跨界”，随着不同行业大佬在不同场合的发声，一场互联网恐惧症在各行各业加速传播并达到巅峰。

面对“门口的野蛮人”互联网企业的攻城略地，面对短时间内各大行业传统龙头企业的纷纷倒地，有些传统企业为了避免被时代抛弃，愿意和希望进行“互联网 +”转型，但是对于这个未知的非舒适区没有深入的了解、没有准确的认知、没有明确的方法。他们想要进入互联网，想要进行互联网化转型，可是却无从下手，始终找不到方向在哪里，明明感觉到危险在一步步逼近，却看不清敌人是谁。要么面对随时冒出的颠覆者毫无还手之力，要么只能进行血淋淋的左右手互搏而又前途渺茫，或者发现同行业没有成功的转型案例和模式而选择了观望或等待，有些老板干脆卖掉自己的企业，有些员工则干脆选择跳槽。

随波逐流跟风转

铺天盖地的互联网思维，层出不穷的新概念、新模式，把传统企业从业者忽悠得一愣一愣、晕头转向，他们盲信“一网就灵”的万灵良药，超级喜欢各种互联网新词语和时尚理论，以为只要搭上了互联网的快车，就是抓住了救命稻草，就能日进斗金、飞黄腾达。这些企业盲目冒进，贪大求洋，急功近利，社会流行什么就上什么，哪个概念时髦就搞哪个，哪个模式火就跟哪个，哪个行业热就投哪个，微博火做微博，微信火玩微信，手机热做手机，视频热做视频，看起来好像什么都搞了，最后却是一事无成，甚至直接掉入互联网经济制造的“美丽陷阱”，变成了投入越大、死得越快。

其实，这些企业及其员工对于互联网的理解只是皮毛，虽然每天也能把一些时尚的网络新词挂在嘴边，对“互联网 +”的趋势和影响也有一些认识，但实际上就是半罐子水，心里并不觉得互联网有多么难，觉得也就那么回事，不就是 PC 互联网时代建个网站、电子商务时代搞个网店、移动互联网时代开发个 App、自媒体时代玩玩微信嘛。最终的结果就是东一榔头西一棒槌，白白浪费了时间和金钱。

2. 无能：迷信表面加冲动

盲目迷信步子太大

在互联网经济浪潮来临之时，当互联网明星们的光环闪耀得几乎让人睁不开眼，有些传统企业受到“免费的网络营销”“短期内的爆发”“模仿式的爆卖”“O2O”等偶然性现象的影响，继而产生急功近利的思想，觉得互联网就是灵丹妙药，有起死回生的神效，以为做个官网、搞个 APP 或是微信公众号就是互联网化了，以为在天猫、京东、苏宁易购等电商平台上开个店铺、或者打造一个电商子品牌、或者开通微博微信，就能够解决传统企业的所有问题，企业就可以发展壮大，就可以赚大钱，“互联网 +”转型的决心大、力度大、投入大，最后行动的结果不仅没能乘风而上，反而可能死得更快。

从实际情况来看，近年来，大量的传统企业纷纷加入互联网经济的大潮，但结果却是非常多的企业“稀里糊涂”砸进去大量的资金和资源，花费上亿甚至上百亿元，但是结果却都做成了夹生饭，弃之可惜且不甘心，坚持下去则弹药无几，导致历经 10 年甚至几十年辛苦修筑起来的资本帝国和经济帝国短时间内轰然倒塌。

传统企业“互联网 +”切忌步子迈得太大，导致进展和节奏失去控制，应该采取小投入、快行动、先试错、再调整的以点带面、层层推进的方式去实施。

路径依赖浮于表面

有些传统企业进行“互联网＋”转型时，没有一个比较完善的决策体系和实施体系，而是由某个部门或者某个人说了算，没有方向，没有策略，没有系统的互联网化变革和转型升级路线。虽然在网络营销、电子商务等一些点上有了一些变化，但商业基因没有变，很多整套的系统性的行为规则没有变。

规模越大、过去越成功的传统企业，之前积累的“成功经验”就越多，要彻底实现“互联网＋”转型升级的难度也就越大。因为这些企业已经在过程的发展历史中形成了自己的成功模式，也伴随着出现了极度的自信，在“互联网＋”转型过程中也许换了新的口号，但实际上却没有摆脱之前的处事方法，也就是它们并没有改掉路径依赖，对于互联网的认识停留于表层，自然不能帮助企业突破原有的增长轨迹，更无法企及更高的发展空间。

目标错误冲动跨界

有的传统企业看到国际国内一些平台型企业快速崛起、一些互联网公司不断进行跨界扩张，因此不管自身资源如何、能力如何，也不管自身行业、产品是否适合平台化、跨界化，就跳入互联网行业里去发展，这就不是转型，而是转行了。而转行对于大多数企业来说，都是一个九死一生的战略问题。

虽然随着互联网的迅速发展，大量的互联网都进行跨界发展，一些传统行业也通过网络平台全面交叉融合，但是并不代表任何企业都能跨界，也并不是代表什么流行就要做什么。跨界的核心还是满足消费者更多需求，跨界的基础是聚集了大规模的用户流量，跨界的前提是企业具备强大的资源和能力。

“互联网+”转型升级的核心是转和升，而不是跳，必须扬长避短、夯实根基！而要跨界，则必须选好时机、选好产业，避免后院失火、张弛失度，盲目的跨界等于自毁长城！

3. 无力：无人无钱无机制

团队不强落地难

一些传统企业在互联网转型的过程中，没有开放性思维，以为单纯依靠自己的力量一样可以玩转“互联网+”转型，实际上无论是中层管理者还是基层员工，虽然拥有丰富的行业知识，但是缺少互联网知识、思维和技能，仍然依赖和使用传统的经营管理思想、方法和工具来进行互联网转型工作，结果是用了九牛二虎之力，实际效果却很一般，西施效颦，导致南辕北辙。

而另外一些传统企业则完全相反，选择当甩手掌柜，把企业“互联网+”转型的希望全部寄托在第三方企业上，完全依靠外部聘请的团队，希望这些外部力量能够为企业找到“互联网+”转型的目标、路径，甚至把“互联网+”转型实施落地也全部交给外部力量来承包，而实际上这些外来团队的行业和企业情况非常陌生，如果是完全没有实体企业经验的咨询团队，最终必然会导致“互联网+”转型变成空中楼阁。

瞻前顾后投入少

一些传统企业要么被网络疯传的的“羊毛出在狗身上，猪来买单”所迷惑，认为互联网经济就是低成本经济，真的能够“少投入大回报”“马上投入立即回报”；要么过于注重当期投入产出比，对网络营销、定制生产、智能制造等没有底，不知道能否挣钱，只是抱着试试看的态度小打小闹。

有些企业虽然在传统的新闻宣传、市场营销、厂区建设、信息化建设等方面非常舍得投入，但是在“互联网 +”转型方面的投入就限制得非常死，安排的预算也非常少，如投点钱做了一下百度竞价广告后效果不理想，或者做一段时间自媒体好像推动不了销量，就认为网络营销不靠谱。

实际上，“互联网 +”转型是一项战略工程和长期工程，没有持续投入根本不可能产生效果，也不可能一开始就马上产生效果，甚至会面临较长一段时间的徘徊或回落期。所有最后取得成功的互联网企业，都是以前期的巨大投入甚至长期亏损为代价，在从连接人与信息向连接人与服务的第三次转型中，互联网巨头公司百度也付出了巨大的代价，两年内净利润从 53% 下降到 29%，因为不仅市场费用、运营费用持续增加，技术上也不断加大投入，研发费用增长一直高于收入增长。

机制不顺推不动

有些传统企业虽然领导层有实施转型的强烈愿望和打算，也能在决策上、资源上给予大力支持，但是由于没有建立有效的工作机制，以为“互联网 +”转型是销售部门或者是信息部门的工作，大部分职能部门袖手旁观，甚至个别部门和人员从本位主义出发，为了捍卫自己的传统利益而产生懈怠、抗拒甚至阻挠的思想与行为，导致无法形成合力，甚至在相关部门不断推诿、扯皮和懈怠中，使“互联网 +”转型成了无法落地的空中楼阁，最终既成不了事，也浪费了资源，还搞得员工怨声载道，这就是花了大钱也办不成事。

这主要是因为大部分传统企业都拥有严格的管理体系、严谨的文化风格和优秀的执行力，这种过去的优势与推进“互联网 +”转型所需要的宽松和创新氛围是格格不入的。“互联网 +”转型需要创新的构架，与原有的商业模式可能并不完全匹配，与原有的文化或许会发生激烈冲突，与原有的渠道或许会发生打架摩擦，如大部分部门和员工会用看待传统业务的眼光看待互联网业务，要求在短期内能够见到效益的产生，财务报表中不允许出现长期亏损或者长期补贴的项目等。总之，“互联网 +”转型必然会对早就成熟管理体系、市场体系、文化体系产生巨大的冲击。

第二章

致知：万物互联的商业基因

“欲修其身者先正其心。欲正其心者先诚其意。欲诚其意者先致其知。致知在格物。”对于互联网本质问题的认识，对互联网经济特征的认知，直接决定了企业对待“互联网+”转型升级的态度，直接影响企业实施“互联网+”转型升级的效果。

历经20多年的洗礼，特别是经过最近几年传统企业与互联网企业的激烈论战，以及学界解读与官方宣传的反复传播，互联网首先是一种技术，随之衍生出一种价值观和方法论。虽然互联网改变了人与人、人与信息、人与物、物与物的关系，但是并没有改变商业的本质，已经成为一致共识。

互联网作为一种技术，主要体现为实现连接、在线、互动、数据四大功能的互联网与移动互联网、云计算与大数据、物联网与人工智能等多层次科学技术。

互联网作为一种价值观和方法论，主要体现为基于平等、开放、协作、分享四大互联网精神基础上的互联网思维，以及由此衍生出的各种商业新形态、新模式。

传统企业在推进“互联网 +”转型升级的过程中，特别是对近年来被频繁提及、席卷全国、走向神化的“互联网思维”和“互联网商业模式”，要辩证对待、理性分析，吸其精华、去其糟粕。

互联网时代的进化基因，或者说互联网时代的商业特征，核心就在于互联网技术的连接一切、消费互联网的用户主权、产业互联网的生态协同、智能互联网的数据驱动。

四个典型特征之间存在明显的递进逻辑关系：通过互联网技术实现万物互联；随时随地连接一切推动了用户主权的凸显；依托万物互联，基于用户聚集，催生了生态商业；连接、互动、聚集、生态最终产生了庞大的数据，成为商业活动在数字世界的映射。

正如今天的科学家对进化的理解已经远远超出了当年在“贝格尔”号船上苦思冥想的青年达尔文所能想象的内容，而且关于进化的思考仍然没有停止一样，无论学术界还是产业界，对于商业经济特征的探索也永远不会停止，需要随着时代的变迁去不断品味。

第一节 互联网技术连接一切

互联网通过直接化、实时化、交互化连接，推动经济社会去中心、去中介、去平衡，从而改变了世界的运转方式。连接是互联网的核心本质，也是互联网的基础价值，更是互联网商业化的根据和载体，连接本身即可产生巨大的经济效益。

互联网把所有个人、信息、商品、设备、服务、企业、产业、场景连接在一起，可以拆除传统产业的篱笆和壁垒，促进互联网与实体经济的融合与协作，通过在线和交互建立起全覆盖、深层次、智能化的“万联网”新世界。

连接一切，是互联网的基本特征。

1. 万物互联

在互联网的发展历程中，“连接”是最重要的一个词汇。从我国互联网应用的发展历程可以明显看出，互联网的商业化应用，起始于人与信息的连接（搜索门户），兴起于人与商品的连接（电商平台），爆发于人与人的连接（移动社交），正在广泛应用于物与物的连接（物联网），未来必将实现人、信息、物品的无缝连接（万联网）。

PC 时代是互联网 1.0 时代。当时的 PC 只是一种生产工具，通过 PC 之间的互联，主要改变了信息的获取方式和舆论的传播方式，解决了信息高速传递的问题，颠覆了很多传统媒体，电子商务虽然开始发展但是影响力非常有限，主要是在 B2B 领域。

移动互联网属于互联网 2.0。基于平板电脑和智能手机的移动互联网实现了人与人之间的连接，当人们无时无刻、随时随地都能在线和互动时，互联网展现出了更加巨大的推动力和摧毁力，特别是社交平台、移动支付、电子商务（B2C）的快速发展，使人们的交流方式、消费方式、娱乐方式甚至是工作方式发生了巨大变化，对社会经济产生了巨大的影响，催生了类似 Uber、滴滴、微信这样新的商业经济。

物联网（Internet of Things，IOT），开启的是互联网 3.0 时代。物联网又称为传感网，主要是通过传感器、智能识别、嵌入式系统、无线数据通信等技术，利用无线射频识别（RFID）、红外感应器、全球定位系统、激光扫描器等信息传感设备，通过互联网把人与物、物与物连接起来，进行信息交换和通信，以实现智能化识别、定位、跟踪、监控和管理的一种智能网络。

面向未来，必将形成万人、万物、万事互联的“万联网”，那将是互联网的 4.0 时代。物联网仍然只是互联网的初步延伸和应用拓展，而“万联网”将推进互联网在广度、深度以及实时性、互动性方面产生量的飞跃和质的突破，互联网将覆盖所有个人、所有信息、所有商品、所有设备、所有事物、所有企业、所有产业、所有环节，真正实现智能化。

硅谷咨询公司（Creative Strategies）总裁兼首席分析师、《时代周刊》知名 IT 专栏作家本·巴加林在《下一波大趋势：万联网》文章中指出，解决安全、隐私、硬件兼容、软件兼容、同步、有线网络、无线网络、数据挖掘、数据分析及其他数十项技术问题后，“万联网”将会成为科技乃至其他所有产业的下一个亮点，具有无穷潜力，未来三五年内，所有公司都将打造联网的产品和服务，使其适应一个充满智能设备、智能服务和智能生态圈的新世界。

美国、欧盟、日本等国家和地区均投入大量的资金和人力进行物联网技术的研究与开发。美国将物联网技术发展与重塑美国制造优势计划相结合，以期实现国内制造业的“再工业化”，欧盟欧盟提出“E - Europe”物联网行动计划，建立起比较完善的物联网政策体系，物联网也被我国正式列为国家新兴战略性产业，制订了物联网发展规划。

2016 年 6 月 16 日，窄带蜂窝物联网（NB - IoT）标准获得国际组织 3GPP 通过，这一新技术具有大容量、广覆盖、低功耗、低成本和高稳定性五大优势，使物物数据链接突破了原来的技术“瓶颈”，窄带蜂窝物联网的大规模商业推广，将加快拓展物联网的应用空间。

在2016年中国互联网大会上，移动、电信、联通三大运营商发言人均表示，物联网将是运营商转型发力的重中之重，中国联通、中国移动将在2017年初实现NB-IoT的正式商用，在“2016世界移动大会·上海物联网峰会”上，华为公司面向全球发布了端到端NB-IoT解决方案，为即将启动的IoT规模化商用提供全面的技术和商业支撑。

物联网正在经历从硬件、传感等基础设备向软件平台、运营平台和垂直行业应用升级，无论是上游的芯片制造，还是下游的工业物联网、智能家电、智能家居、智能汽车、智能终端，都在近几年取得了不小的成绩，市场已经初具规模，而且潜力巨大，被全球高科技公司视为新的增长引擎，包括思科、AT&T、Axeda、亚马逊、苹果、通用电气、谷歌、IBM等全球500强企业以及互联网巨头们纷纷进行布局，争相抢占在物联网产业的主导地位。

高通总裁德雷克·阿伯勒表示，高通向全球超过30个国家推出了15款物联网设备，涉及数字眼镜、儿童跟踪器、智能手表等多个产品；未来，高通将以智能手机为支点，拓展车联网、医疗、可穿戴设备等领域。

思科公司认为，如今全球有1.5万亿事物，其中仅有100亿~150亿的实物已经联结到互联网，尚有99.4%的事物未联结到互联网，每个人平均有大约200件实物可以实现联结，未来5年可能会有300亿~500亿的类似设备联网。

三星电子总裁兼首席执行官尹富根指出，“物联网不是趋势，它是现实。”三星电子把物联网作为重点业务方向：到 2017 年，所有三星电视将成为物联网设备；五年内所有三星硬件设备均将支持物联网。

通用电气宣布与一众技术巨头结盟建立起物联网联盟，目的是寻求各方对其旗下 Predix 平台的支持，而 Predix 软件旨在令各种物联网端点具备智能化。

英特尔公司全球物联网业务开发销售总监 Gregg Berkeley 表示，英特尔目前正与二三十个全球合作伙伴，讨论如何利用英特尔的物联网技术建设智能城市，有些合作在亚洲，有些遍及欧洲。

阿里巴巴集团开发 YunOS，将云端一体的系统能力注入到各行各业的物联网芯片中，为万物互联提供了底层能力和基础设施。YunOS 已经把手机、汽车、手表、电视等链接起来，随着其底层技术和生态的不断完善，届时将有更多硬件通过 YunOS 实现链接互联网。

中兴通讯正在给路灯、垃圾桶、井盖、车、家居，甚至水源等都装上传感器，已经在全球超过 20 个国家部署了 2 万多个这样的智能路灯，里程超过 400 公里。

国际国内物联网快速发展初成气候并且具备了良好的基础，特别是物联网市场在我国被迅速开拓和发展，在一些产业中产生了巨大的影响甚至是颠覆。

智能手表、运动手环、智能家电、移动医疗设备、智能遥控器和插座等智能硬件纷纷站上舞台中央，三星、苹果、海尔、华为、小米等硬件巨头也纷纷踏入智慧家居领域，百度、360、小米、京东等各大互联网巨头也以投资、并购、自主研发等方式加快涌入智能硬件领域，无数的创业公司诞生，CES 也变成了智能家居和可穿戴设备的盛宴，“软硬结合”“硬件复兴”等词语充斥各大媒体。

随着移动互联、云计算、大数据、传感技术的迅猛发展和广泛应用，随着不断建设的网络高速公路变得越来越宽广、速度越来越快，同时资费却越来越低，随着设备性能变得更加强大和智能，设备存储的容量不断提升，硬件设备呈现多样化、微小化、移动化和消费化的趋势。将人、流程、程序、数据和事物结合在一起，使网络连接变得更相关和更有价值的万物互联成为了必然。

面向未来，连接仍将继续，连接仍将扩张，连接仍将提升，越来越多的实体、个人、设备、数据、信息都随时随地连接在一起，必将开辟出万物互联的新时代。以移动互联、云计算、大数据、人工智能、虚拟现实为主要特征的万物互联，将和传统人人互联不一样，它不仅可以加快信息的流转速度、增强人们的生活愉悦度，更重要的是，它将极大地拉动人类社会的经济发展，为 GDP 的增长作出显著贡献。

2. 再造价值

Ericsson、Gartner、IDG 等研究机构预测，到 2020 年全球物联网有望影响的下游市场规模将突破 3 万亿美元，年均复合增长率超过 30%，物联网连接设备数量将达到 260 亿台，其中消费电子类产品数量将超过 100 亿台，M2M 设备数量也将达到 70 亿台左右，智能手机数量也将达到 90 亿台以上，同时使用互联网的用户总数达到 44 亿人。

高通公司认为，在今后 10 ~ 15 年里，全球连接到互联网里的终端会达到 500 亿甚至上千亿的规模。

谷歌公司执行董事长埃里克·施密特认为，未来将有数量巨大的 IP 地址、传感器、可穿戴设备，以及虽感觉不到却可与之互动的东西，时时刻刻伴随你，世界将变得非常个性化、非常互动化和非常有趣。

麦肯锡发布的报告则指出，全球物联网有望渗透的下游应用市场规模将在 2025 年以前成长达到 3.9 万亿 ~ 11.1 万亿美元，达到约 11% 的全球经济占有率，并与城市管理、生产制造、家庭事务、汽车驾驶、能源环保、物流运输、工作办公、消费结算、个人健康等重要领域结合形成 9 个千亿级规模以上的细分市场。

思科 CEO 钱伯斯认为，万物互联将打破行业的界限，带来新的机会、业务、体验和服务，将给普通人带来更加巨大的改变，也将对城市规划、应急救援、军事、健康等公共项目及场景产生巨大的影响，并为个人、企业以及国家带来巨大机遇，进一步为传统行业带来转型升级的机会。

思科的分析显示，全球万物互联的潜在价值的驱动因素主要体现在资产利用率、员工效率、供应链/物流效率、改进的客户体验和创新五个方面，万物互联将会为全球企业带来 14.4 万亿美元的潜在商机，借助于万物互联，未来十年全球企业将会有大约 21% 的利润增长。

物联网将网络终端延伸和扩展到电网、铁路、桥梁、隧道、公路、建筑、供水系统、大坝、油气管道等各类物品，将网络世界与现实世界相互连接，实现人类社会与物理系统的结合。

在这个整合的网络当中，存在能力超级强大的网络体系和中心计算机群，所有能够被独立寻址的物品（商品）都能实现互联互通交流，能够对整合网络内的人员、机器、设备和基础设施实施实时的管理和控制。

在此基础上，人类可以以更加精细和动态的方式管理生产和生活，达到“智慧”状态，提高资源利用率和生产力水平，改善人与自然间的关系。

物联网拥有涵盖包括军事、交通、医疗领域、物流零售、制造、识别防伪和管理应用等在内的广阔应用领域。在万物互联时代，小到眼镜、皮鞋、手表等个人使用的可穿戴设备以及电视、冰箱、空调、厨卫等智能家居，大到汽车、房子、飞机，以及整个社会的智慧能源、智慧城市等，所有物件都会变成智能化设备并实现 7×24 小时联网。人人、物物、业业、时时、处处连接互动。

物联网正在对全球各个国家和所有产业、企业及个人产生更加巨大的影响，提供更加丰富的体验和前所未有的经济发展机遇。随着广泛的机会，物联网也对政府管理、企业经营提出了新的挑战，将会大大改变企业的商业模式、产品模式、生产模式、管理模式、物流模式、产品追溯机制，将帮助企业提升整体工作效率，实现自我突破与创新。

特别是物联网的发展，让越来越多的机器设备和日常用品通过配备传感器和无线芯片实现相互连通。最终，所有的生产者、使用者、服务者与产品都实现实时动态连接，每一个经济社会的细胞都与互联网相“+”，真正形成互联网与万物共生共存的新世界。

各行各业都在加速进入数字化时代，互联网的连接范围将越来越广，连接能力将越来越强，连接速度将越来越快。在这个覆盖所有人、事、物的巨大网络和新世界中，每个企业、每个人都能经营出自己的小天地，并通过连接与在线融入大天地，让世界和自己的联系更加紧密，既能“让世界认识我”，也能“让我认识世界”。

万物互联的时代，互联网渗透各行各业，催生新的智能硬件，产生新的交互方式，创造新的经济形态，加速淘汰传统产业，推动传统行业转型升级，让产业结构更合理、企业运行更高效、资源配置更优化、创业创新更容易、生产工作更舒适。

互联网这种连接一切的能力，恰如一种新的 DNA，与各行各业结合之后，赋予后者新的力量和再生的能力。虚拟与现实世界的边界变得越来越模糊，各行各业都可以实现资源共享、跨界协作、推动创新。

物联网、万联网是继计算机、互联网和移动互联网之后的又一次信息产业革命性发展，是对互联网产业的扩张和衍生，必将掀起一股新的产业浪潮。

任何不能融入物联网、万联网、产业互联网的企业，任何不能通过“互联网+”“智能+”与个体用户实现“细胞级连接”企业，如同一个生命体的神经末端麻木、肢体脱节，必然会被时代所淘汰。

第二节 消费互联网用户至上

根据科技先驱、以太网之父、3Com 公司创始人罗伯特·梅特卡夫提出的“梅特卡夫法则”，网络价值以用户数量的平方速度增长。

在消费互联网时代，互联网推动消费走向社交化、个性化、移动化，让所有用户、信息、商品脱离了时间和空间的限制，推动经济社会从厂商主权时代进入用户主权时代。

在用户主权时代，重视人性、尊重知识、释放个性成为主旋律，社会关系被重构，自组织、自品牌、自商业纷纷崛起，用户成为商业经济创新之源，企业经营管理走向平台化。

用户主权，是消费互联网的典型特征。

1. 用户主权

从远古时代开始，到近现代的蒸汽时代、电气时代、信息时代，人类发展进程史上的每一个令人瞩目的改变，就是社会主宰力量由权力逐渐向物质文明和精神文明转变。

从亚当·斯密到哈耶克，都把消费者主权看作生产者（企业）和消费者都能得到效益和满足的有用概念，是市场经济理论中确定不移的原则。

这只是一种美好的理想状态，即便是以个体用户为核心的互联网时代，制造商、服务商也曾先后牢牢地掌握着控制权，他们决定用户应该对什么内容感兴趣，决定用户应该接触何种信息。

过去人们加入各种群体，也就是三五成群的喝喝酒、唱唱歌、钓钓鱼、打打球，主要是参加一些线下的活动，社会活动范围非常窄，人与人之间的关系一般局限于亲戚、同学、老乡、同事等小圈子。

工业经济时代单个用户之间的联系非常困难，特别是在物资紧缺时代，所有用户都只能被动地在企业提供的产品和服务中进行挑选，企业也遵循大规模生产、大规模传播和大规模销售的原则，通过对生产能力、传播渠道、销售通路的把持，人为地制造热门商品和稀缺商品，并将其上升为经营哲学，厂家和渠道先后掌握着市场的主动权。

互联网特别是移动互联网的快速发展，互联网接入成本大幅降低，终端设备越来越便宜，社交工具越来越发达，不同地域、兴趣相同的人群聚合成为可能而且非常方便和灵活；组建和加入任何一个微信群、QQ 群、豆瓣小组、知乎兴趣组等，不需要烦琐的手续，不需要严肃的审批，不需要高额的会费，只需要志趣相投，就能聚合在一起，并且规模越来越大，从而逐步形成各种社交群体。这些社交群体的成员有共同的价值观、共同的话题，甚至共同的行为。

互联网让所有人、信息和商品都脱离了时间和空间的限制，随时随地接入互联网，意味着随时随地接触全球市场，甚至未来会有人通过可穿戴的设备一生都与网络连接，接触产品不再是逛商场和赶集，发达的移动互联网技术和各种搜索精准、免费的互联网工具能瞬间让你找到自己需要的信息和商品，缩短了产品的生命周期，加速了新奇事物的出现，品牌的忠诚度越来越低。

通过各类社交媒体，用户可以实时地把真实地理位置、真实身份快速地捆绑在一起，用户与用户之间，用户与企业之间，可以不间断地24 小时在线互动交流，用户不再只是被动接受企业的产品，而是拥有了自主选择自己所需产品与服务的机会，而且还能将自己消费产品与服务的一切体验进行公开、及时地分享。

更重要的是，用户自己所拥有的知识、时间以及创造力等“认知盈余”，通过互联网的工具，有能力、有机会、有欲望参与到产品的设计、生产以及品牌的定位、塑造中来，甚至还能参与产品的直接投资、推广，用户不仅是产品的消费者，也是产品的宣传者，甚至还是产品价值的创造者，用户不仅决定产品的创意和设计，更重要是用户决定产品的价格和生命。

正如德鲁克指出：互联网最重要的作用就是零距离。互联网解决了信息对称问题，使消费者能够更加了解产品、价格、品牌等方面更多信息，市场竞争更加充分，市场由厂商主导转变为消费者主导。

在工业经济时代，即使是在互联网时代初期，很多事情都需要中介来完成，我们购买产品的决策依据大多数时候都是靠广告，或者依靠熟人之间的介绍。

但是现在，在淘宝、天猫、京东、苏宁、唯品会等电子商务平台上，可以看到每一个产品的销量数据、用户评论，可以通过各类社交平台发表自己使用某个产品或者服务的过程和感受，同样也能看到和搜索到其他用户的感受。这种及时地销售数量记录、客观大量的用户评价，就是产品和服务的口碑，厂商必须要给用户创造真正的价值和极致的体验，用户才可能给一个好评。

在这种物资极度发达、社交工具飞速发展、电子商务极度繁荣的消费互联网时代，以“人的行为为核心”的信息组织方式赋予了用户前所未有的力量和权柄。用户无所不知，主权意识逐步觉醒，通过快速、实时、紧密、无处不在的网络连接形成的社群，使原来弱小的单个用户抱团成为一个强大的整体，从而拥有了影响企业决策、改变企业命运的能力，使过去居于优势地位的企业组织成为相对弱势的一方。每一个用户都有可能一夜之间来革企业的命，商业经济进入了用户为王的新时代。

2. 重构关系

每一次技术革命都导致信息传播的加速以及信息控制权的异帜，由此也催生出产业重构和价值重组。万物直接、实时连接和交互使信息反馈与用户参与的成本持续降低，碎片化时间也带来了参与时长的增加，两者累加使“消费者赋权”开始真正发挥威力。消费者由被动消费转向主导消费，不仅导致企业价值链主导权从生产商、流通商转到消费者手中，而且消费者还将广泛、实时地参与到生产和价值创造的全过程中。

用户成为企业最重要的资源，与用户距离越短、占用用户时间越多、与用户互动越频繁、产品链接用户越多、用户评价越好的企业，将在产业链上拥有越来越大的话语权，在市场竞争中拥有越来越高的竞争力，这就对企业生产经营产生了巨大的影响，极大地推动了企业经营变革。

比如，品牌传播方式的改变，传统媒体开始失效，品牌效力逐步肢解，要更加注重经营老用户，发展用户社群，重点服务好“黄金用户”，要更加注重社会化营销，与用户实时保持连接互动，实现“病毒式”扩张，产品本身成为最好的媒体。

新媒体与自媒体的发展导致媒体“枪口”的朝向发生了180度的转弯，社会化媒体和自媒体的蓬勃发展使每一个用户产生的内容都可能引起巨大的影响。各种兴趣群组形成的亚文化和二次元文化圈子所关注的事物一旦形成影响力，就是巨大的口碑，传统单向、强迫式的广告轰炸已经不起作用。

企业必须根据用户社群特性，找到利基群体，营造情感共鸣，开展交流互动，推动用户影响用户、用户产生内容，以“用户忠诚”替代

“品牌忠诚”。通过社会化营销，品牌可以以最容易的方式，接触到消费者，了解他们的喜好，引导他们的习惯，动员他们参与，刺激他们的购买欲。

每一个品牌都要想方设法通过社会化媒体营销自己的产品和服务，通过与用户互动，建设相关的社群，通过有影响力的人、创意的文案和活动，让更多的用户喜欢和参与，甚至主动为互动活动进行传播分享，让用户变成了品牌内容的创造者、口碑传播者、产品的推销员。尼尔森的数据显示，85%的消费者更相信来自网友和博客的推荐。

比如，产品销售模式改变，电子商务更加重要，努力为用户提供全渠道、全天候的购物平台，为用户提供良好的消费体验。用户的任何一次消费，并不代表销售行为的结束，反而成为价值实现过程的开始。

用户通过网络搜索和电子商务平台，可以方便、快捷、低成本地搜索到企业和产品的信息，有非常丰富的购买产品的渠道和场所，但是电子商务的高速发展也带来了一些问题，假冒伪劣更加盛行，价格体系混乱，品牌信誉受到破坏，企业要高度重视电子商务的发展，更要重视全渠道购物平台的营造，通过双线融合方式为用户提供最好的体验和服务。

通过全渠道购物平台收集的用户数据，还可以分析出各类用户的社会属性、生活习惯、消费行为等信息数据，更加精确地呈现一个用户清晰的全貌，从而为企业向用户进行精准营销、提供更好的产品和服务提供了支撑，也使老用户的价值得到重新挖掘和进一步彰显。

比如，在产品开发层面，个性需求释放助推长尾经济崛起，企业要更加注重用户定位，变革生产和组织方式，建立开放式创新平台，瞄准刚性、高频次、黏性需求，与用户直接互动，吸引用户参与，发现和解决用户需求“痛点”。

传统的闭门造车研发方式已经失效，企业必须更加注重倾听用户的需求、发现用户的需求，根据用户习惯来设计，甚至邀请用户参与产品的设计，采用创新方式和技术采纳用户意见并对产品进行改进，使用户获得参与感、尊重感和归属感，推动用户主动传播产品信息与口碑，企业完全可以与“粉丝”共同创造一个品牌。

网络化、数字化、自动化、柔性化智能制造的出现，使小批量、个性化、多样化定制生产成为了可能，制造企业的服务对象由传统中介经销企业转而直接面向客户，原有的产品定价体系受到剧烈的冲击。

比如，在企业经营管理方面，具备创造力、洞察力、感知力、执行力的“创意精英”成为未来企业最有价值的员工，管理的核心不再是控制和考核，而是激发和助推，员工创客化、企业平台化成为一种大趋势。

通过互联网的社会化连接，通过硬件、软件、智能终端以及3G、4G、WiFi构建实时连接的虚拟网络，实现任何时间、任何地点、任何人的动态、多元、交互连接，通过移动办公、协同办公打破时间、空间、物理的限制，提升运营效率。

为了提升企业对市场和用户的反应速度，企业必须走向高效和敏捷的虚拟化和扁平化，通过信息的高度对称和高速流转，减少组织内的扯皮、推诿、拖延现象；更加关注绩效提升而绩效考核，激发每一个员工的创造性，提升他们的创造力、洞察力、感知力、反馈力、运营力等，从雇用员工的双手向雇用员工的大脑转变。

第三节　产业互联网生态协同

在产业互联网时代，企业之间的竞争更多地表现为整体价值的竞争，围绕价值发现、价值创造、价值传递、价值实现的全链条、全节点展开，企业竞争优势突破了内部资源的限制和束缚、重心从企业内转向企业外、从经营企业自身能力和资源转向撬动价值平台相关企业的能力和资源。

生态商业以其平台化、共享化、协同化的优势和化反效应，通过资源整合、知识转移、信息共享、协同创新，体现了从竞争到合作、从交易成本最小化到交易价值最大化的转变，扩大了企业经营发展的边界，增强了企业的环境适应性，成为企业竞争优势的新来源，要么创造生态，要么加入生态。

生态协同，是产业互联网的典型特征。

1. 生态商业

美国学者詹姆士·穆尔将自然科学用语“生态圈”引入到商业研究中来，在《哈佛商业评论》上第一次提出“商业生态系统”的概念，并在《竞争的衰亡：商业生态系统时代的领导与战略》一书中加以深化，此后通过众多学者的逐步完善，“生态系统”成为商业关系构建上的一场革命。

商业生态系统，是指以各种不同组织——包括产品提供者、供应商、分销商、顾客、互补产品提供者、竞争者、政府及其他利益相关者——相互作用为基础的经济联合体。在这个体系中，每个组织和个人基于利益的驱动，各司其职担当不同功能，但又资源共享、互利共存、互依共生，共同维持系统的延续和发展。

信息技术的快速发展和深度应用，互联网的去中介化、去中心化及聚合特性，为打造“生态商业”提供了良好的条件，通过先进的电子商务技术和网络平台，可以灵活地建立起各种组织间的、高效的电子化连接，将伙伴企业各个业务环节孤岛连接在一起，使组织间的信息和知识的交换量与交换速度大大提高，企业对各种信息和环境变化的快速、准确感知变得越来越敏锐，商业生态系统内所有参与者“共同进化”的平台变得越来越容易。

“商业生态系统”产生的聚合效应，提供了资源整合、知识转移、信息共享、多方协同的环境和平台，各类正式和非正式的交流途径使创新资源能够快速有效地在各个生态网络节点之间传递、吸收和转化，使单个组织的独立创新转变为生态系统内所有主体的协同创新，体现了从竞争到合作、从交易成本最小化到交易价值最大化的转变，增强了企业的环境适应性，也能共享创新溢出，最终构建新的竞争优势。

生态商业与传统商业相比，企业关系从主导控制转向平等参与；产业关系从垂直分工转向横向协同；资源利用从封闭耗散转向共享增值；盈利模式从竞争攫取转向共创共赢；发展模式从线性成长转向指数增长；竞争模式突破内部资源的限制和束缚，重心从企业内转向企业外，从经营企业自身能力和资源转向撬动价值平台相关企业的能力和资源，推动市场竞争从原来的企业本身之间的竞争，上升为“商业生态系统”提供的整体价值的竞争。

企业需要不断根据自身成长和所处的生态系统位置，调整甚至变革自己的商业模式——不仅是客户和合作伙伴等外在的生态系统，也包括组织、员工等内在的生态系统。企业组织既要在内部打破部门边界，不断实行跨界发展，扩张自己的平台，提升垄断性，围绕一个市场目标形成一个利益共同体，也要保持简洁，推进协同创新，借助行业内外其他合作伙伴的更多外部资源来确保平台的有效性和用户黏性，广泛进行合作伙伴间横向或者纵向的合作，整合全球资源和利益相关方组成一个新的利益共同体。

只要能找到一个用户的核心刚性需求，利用某个极致的产品和服务获取巨量“粉丝”用户，通过跨界整合资源，为“粉丝”用户提供更多产品，产品和服务数量品种越多、质量越好，用户就越满意，用户量就越多，“一站式”消费体验就越好，最终提高用户的收入均值，形成有黏性的商业生态体系。

如此，产业边界就变得越来越模糊，企业借助平台可以不断向相关产业进行延伸扩张，很多原来“八竿子打不着”的企业也就成为了新的竞争对手，一些原来的同行反而不再是同行。企业最大的挑战不是传统的市场竞争对手，而是那些不知道从哪个方向跨界而来的“野蛮人”。

“跨界”成为企业界最时髦的一个词语，创新者以前所未有的迅猛速度从一个领域进入另外一个领域，更便利、更关联、更全面的商业系统正在逐步形成。世界开始先分后合，分的是那些传统大佬的家业，合的是新的商业逻辑。你不敢跨界，就有人跨界过来打劫。

在互联网经济里，亚马逊、阿里巴巴利用人与商品之间的关系构建出以电子商务为基础的强大商业生态系统；谷歌、百度利用人与信息之间的关系构建出以搜索为基础的强大商业生态系统；Facebook、腾讯利用人与人之间的关系构建出以社交为基础的强大商业生态系统；Netflix、乐视利用人与视频之间的关系构建出以娱乐为基础的强大生态系统。

在传统经济里，苹果公司基于 iOS 和 iTunes，建立了移动应用和数字音乐商业生态系统，开启智能手机的新时代。三星电子与谷歌建立专利联盟将手机终端与安卓操作系统相结合雄霸智能手机市场多年，海尔公司与深圳先进院、中国标准化研究院、三菱电机、腾讯微信、高通等组建利益共同体开发出天樽空调，等等。这些都无不证明了“商业生态系统”的有效性。

2. 协同创新

德国科学家哈肯提出的系统协同学思想认为，自然界和人类社会的各种食物普遍存在有序、无序的现象，但是在一定条件下，有序和无序之间会相互转化；无序就是混沌，有序就是协同，这是一个普遍规律。

根据协同理论相关研究，决定一个系统能够发挥协同效应，取决于系统内部子系统之间的协同运动。如果各个子系统能够共同围绕一个目标协力配合，协同运动作用明显，系统的整体效应就能最大程度地发挥出来；反之如果各个子系统之间出现摩擦甚至冲突，则会出现恶性循环。

在世界经济全球化、一体化的时代，科技加速发展、日新月异，学科交叉和技术融合加快，新兴技术、新兴产业正在成为引领未来发展的重要力量。科学研究、技术创新、产业发展一体化发展趋势更加明显，技术创新复杂性越来越强，技术更新速度越来越快，产品生命周期越来越短，消费需求日趋多样化、个性化，企业面临着一个竞争激烈、复杂多变、不可预测的环境，也给企业经营管理带来了更加严峻的挑战。

以开放、合作、共享为主要特征的协同创新模式被实践证明是有效提高创新效率、应对这种挑战的重要途径。创新模式已突破传统的线性和链式模式，呈现出非线性、多角色、网络化、开放性的特征，并逐步演变为以多元主体协同互动为基础的协同创新模式，受到各国创新理论家、创新政策制定者以及企业界的高度重视和大力推进。

协同创新取代独立创新成为企业创新发展的主旋律，敏捷性与协同能力成为企业生存和发展的关键。一个组织可以从其外部和内部同时获得有价值的创意和优秀的人力资源，运用外部和内部的研发优势在外部或内部实现研发成果商业化，并在使用自己与他人的知识产权过程中获利。

生产者独立创新转变为多元主体协同创新，体现的是从竞争到合作、从交易成本最小化到交易价值最大化的转变。创新生态圈中的协同效应突破了企业创新资源和能力的限制，促使创新主体之间通过信息、资金、人才、技术以及品牌等资源的共享来降低创新成本，分担创新风险，提高创新绩效。

综观发达国家创新发展的实践，其中一条最重要的成功经验，就是打破领域、区域和国别的界限，实现地区性及全球性的协同创新，构建起庞大的创新网络，实现创新要素最大限度的整合。任何一个组织，只要有很强的资源挖掘和资源整合能力，就可以通过开放式协同创新整合全球的创新资源，实现自身的研究目标，提升创新能力，保持自身的创新优势地位。

国家主席习近平多次在不同场合强调，当今世界的一个共同话题就是创新。强调全面贯彻协同创新这个理念，积极主动地融入世界创新发展的交流平台，与各国在创新领域协同发展，才能解决落后生产力与人民日益增长的物质文化需求的矛盾。

对内，企业要培育创新文化，改变过去依靠科研部门单打独斗，甚至是为了创新经常造成相关职能部门之间的利益冲突；打造内部创新平台，鼓励员工创新精神；加强包括技术人员和非技术人员在内的全员创新素养的培训和教育，为所有员工提供资源支持；动员全体员工和所有部门参与到创新中来，让每个员工都成为创新的推动者。

对外，企业要与生态系统其他主体开展协同创新，改变以企业为中心的单一价值创造主体自身的运营效率及其产品质量的情况；打破单一企业因受到资源禀赋制约难以独立创新的问题；通过资源整合、知识转移、信息共享形成生态圈协同效应；增强环境适应性，共享创新溢出，构建竞争优势。

广西天成集团践行生态协同思维，推进协同创新，整合供应链体系，重塑企业创新体系，逐步打造出一个以主业产品为基础的商业生态系统。既扩大了组织边界、充分利用了外部资源、降低了创新成本、提升了创新效率、促进了主业发展，也扩大了企业的合作范围，实现了无形资产的共享增值，培育了新的经济增长点。比如，以二维码应用体系为基础打造重度连接产品的平台商业模式；以后勤服务保障体系为基础打造海韵之友 O2O 服务平台；以物流体系为基础打造仓—干—配第三方物流平台；以包装印刷为基础打造广西最大综合性包装印刷平台；以多媒体管理经验和微信多特管理软件为基础打造广西新媒体联盟平台；

与复旦大学等多个科研院所和企业建立了协同创新关系，联合公关解决了原材料、生产设备、生产工艺、产品质量等方面的重大课题；企业内开展协同创新项目 100 多项，产生经济效益超过 1 亿元。

第四节 智能互联网数据驱动

一部人类社会发展史，也是一部信息发现、创造、传输、保存、使用的历史。互联网沉淀了人类生产生活的大量数据，成为人类活动在网络空间的映射，随着互联网、云计算、大数据技术的发展，未来一切皆可数据化，全球正在逐步进入大数据社会阶段。

大数据蕴含人类的活动规律和商业经济的发展逻辑，成为一种生产资料和最重要的战略资产，具备巨大的潜在价值，商业经济进入以数字化、精准化、智能化为主要特征的数据驱动时代。

数据驱动，是智能互联网的典型特征。

1. 计算经济

在网络上有一组名为“互联网上一天”的图文，告诉了我们大数据到底有多大，震撼了所有人：一天之中，互联网产生的全部内容可以刻满1.68亿张DVD；发出的邮件有2940亿封之多（相当于美国两年的纸质信件数量）；发出的社区帖子达200万个（相当于《时代》杂志770年的文字量）；卖出的手机为37.8万台，高于全球每天出生的婴儿数量37.1万。

回顾人类社会发展历史，人类社会的各项活动与信息（数据）的创造、传输和使用直接相关，信息（数据）历来是作为一种无形的、依附于其他要素的非独立要素，通过优化劳动力、资本等要素的结构和配置来施加对生产力的影响。

从早期的语言、文字、造纸术、印刷术，到近代的无线广播、有线电话、微电子、现代通信，都是为了逐渐打破信息（数据）与其他要素的紧耦合关系，增强其流动性，以此提升使用范围和价值，最终改进经济、社会的运行效率。

网络浏览、行车轨迹、购物行为、设备运转都会在网络上留下相应的数据记录，导致全球数据呈现爆发式增长态势，全球每18个月新增数据量是人类有史以来全部数据量的总和。通过海量数据的积累与交换、分析与应用，可以产生前所未有的洞见和知识，极大地促进了生产效率的提高。

云计算的出现和技术突破，使存储容量和计算能力出现了量级的提升，为数据资产提供了保管、访问的场所和渠道，加快了人类活动踪迹在网络空间的映射，为充分挖掘数据要素的价值提供了超乎寻常的力量。

数据蕴含人类生产、生活的规律，挖掘数据潜在价值，对国家治理、社会管理、企业决策和个人生活影响深远。随着全球数字化、网络宽带化、互联网应用于各行各业，累计的数据量越来越大，越来越多的企业、行业和国家发现，可以利用类似的技术更好地服务客户、发现新商业机会、扩大市场以及提升效率。

大数据已经不知不觉渗透到生活的各个领域，成为一种新的生产要素，具备广阔的应用前景。数据既能作为必要成分驱动业务发展，数据产品的开发也成为赚取财富的新源泉。短短的时间内，大数据已经发展成为集数据采集、数据管理、数据挖掘、数据应用等在内的巨大产业链。人类社会正在迈入大数据时代，大数据焕发出前所未有的夺目光彩。

世界经济论坛的报告认为大数据为新财富，价值堪比石油。商业版图由此被重新划定，知晓如何利用这些数据的企业将成为最强者。数据已成为与矿物和化学元素一样的原始材料。数据不仅是传统产业升级的助推器，也是新兴产业孕育发展的催化剂。

大国际数据公司（IDC）的研究结果表明，2008 年全球产生的数据量为 0.49ZB，2009 年的数据量为 0.8ZB，2010 年增长为 1.2ZB，2011 年的数量更是高达 1.82ZB，相当于全球每人产生 200GB 以上的数据。

截至 2012 年，人类生产的所有印刷材料的数据量是 200PB，全人类历史上说过的所有话的数据量大约是 5EB。IBM 的研究称，整个人类文明所获得的全部数据中，有 90% 是过去两年内产生的。而到了 2020

图片来自易观国际《2016 中国大数据产业生态图谱》

年，全世界所产生的数据规模将达到今天的 44 倍。

科技的进步已经使创造、捕捉和管理信息的成本降至 2005 年的

1/6，从 2005 年起，用在硬件、软件、人才及服务上的商业投资也增长了整整 50%，达到了 4000 亿美元。

美国政府将数据定义为“未来的新石油”，认为一个国家拥有数据的规模、活性及解释运用的能力将成为综合国力的重要组成部分，对数据的占有和控制甚至将成为陆权、海权、空权之外的另一种国家核心资产，宣布投资将 2 亿美元拉动大数据相关产业发展。

联合国发布的大数据政务白皮书指出，大数据对于联合国和各国政府来说是一个历史性的机遇，人们如今可以使用极为丰富的数据资源，来对社会经济进行前所未有的实时分析，帮助政府更好地响应社会和经济运行。

我国将大数据作为战略新兴产业重要的分支，印发《促进大数据发展行动纲要》，制订大数据产业“十三五”发展规划，构建跨部门的政府数据共享交换平台和国家政府数据统一开放平台。国务院总理李克强在 2016 年贵阳大数据峰会主题演讲中，将大数据誉为“钻石矿”，国家将推动大数据、“互联网 +”等同制造业相融合，改造和提升传统产业，促进中国经济转型升级，保持中高速增长，迈向中高端水平。

维克托·迈尔·舍恩伯格与肯尼斯·库克耶在《大数据时代——生活、工作与思维的大变革》中指出：大数据发展的核心动力来源于人类测量、记录和分析世界的渴望，大数据在实用层面的影响很广泛，解决了大量的日常问题，大数据将重塑我们的生活、工作和思维方式，将成为理解和解决当今许多紧迫的全球问题所不可或缺的重要工具。

最早提出“大数据”时代到来的全球知名咨询公司麦肯锡称：“数据，已经渗透到当今每一个行业和业务职能领域，成为重要的生产因素。人们对于海量数据的挖掘和运用，预示着新一波生产率增长和消费者盈余浪潮的到来。”“对于企业来说，海量数据的运用将成为未来竞争和增长的基础。”

事实上，当我们每个人仍然在把微博、微信等社交平台当作抒发情感或者发表言论的工具时，一切企业和敛财高手却正在挖掘这些互联网的“数据财富”，先人一步用其预判市场走向，而且取得了不俗的收益。

2. 数据驱动

英国牛津大学互联网研究中心教授、《大数据时代》作者维克托·迈尔·舍恩伯格认为：在大数据时代，我们不理解为什么发生这件事，却能够洞悉是什么正在发生。这个“什么”是一个事实，它比由直觉得来的原因要好得多。我们将乐于掌握一些事实，即使我们可能得不到完整的事实。对原因的追寻常常是无用的。相比于理解事情的起因，能够利用洞悉正在发生事情的机会能使我们更加真实地感受这个世界。

互联网经济时代，无论是企业、用户还是设备，一切皆可被数据化。从纯工业生产向生产性服务转变，供应链数据、经营数据、物流数据、用户数据、交易数据不仅构成了评估生态内企业信用的基础，还成为提前侦测生态健康指数的依据。未来企业要拥有能够在整个社会层面不断获得数据的能力，以及通过数据加工和提炼，使之成为企业的“第二智商”。

云计算的发展使过去处理非常困难、数据无法得到利用的困境得到解决，大规模的数据处理分析变得十分简单。这些数据的沉淀和分析有助于企业进行预测和决策，使企业了解需求在哪里、用户在哪里、问题在哪里、关键在哪里，甚至数据本身也可以成为一种可以买卖的商品和服务。

通过对庞大的数据信息进行专业化处理，分析出重要的信息因素，从而实现和驱动产品、服务以及产业的进一步发展，最终有效地改变每个人的日常生活，以前所未有的速度颠覆着人们探索世界的方法，引发了人类社会的思维变革和商业变革。谁能更好地利用数据驱动企业生产、经营、管理，谁才有可能在残酷的竞争中立于不败之地。

依据美国学者对179家大型企业进行的研究表明，采用“数据驱动型决策”模式的企业生产力普遍可提高5%～6%。2010年4月淘宝网退出“数据魔方”，为商户提供一系列基于海量数据的数据服务，商家从而可以了解行业情况、品牌状况、消费者行为。Google、Facebook、亚马逊、腾讯、阿里、百度、360等企业正在运用大数据力量获得商业上的更大成功，金融和电信企业也在运用大数据提升自己的竞争力。

大数据在消费IT领域的作用非常明显，只要用PC上网或手机浏览信息，你的性别、年龄、爱好、踪迹、信用等便被大数据展现得一览无余，所有人都将成为“数字透明人”！也许自己不知道下一步要干什么、需要什么，但是产品经销商借助搜索引擎、电子商务平台、旅游网站的数据，根据浏览行为已经在为你张罗生日、餐饮、旅游、结婚、生子、购房、购车，特价机票、婚纱、尿不湿、奶粉、海景房等各种服务和产品。

当今世界，所有顶尖的互联网公司，本质上都是数据公司。与其说百度是互联网公司，不如说是一家互联网广告公司；与其说京东是一家互联网公司，不如说是一家互联网零售公司。搜索服务就是一个典型的大数据运用，根据用户的需求，从全球海量的数字资产中快速找出最可能的答案呈现给你。百度仅凭其搜索引擎就可获得每日超过 50 亿条请求数据，腾讯仅微信就拥有 6 亿活跃用户、QQ 超 8 亿注册账号，新浪仅微博就有超过 2 亿活跃用户，2015 年“双 11”一天，主要电商企业产生快递物流订单 4.6 亿件。

用数据驱动商业决策，是互联网企业很典型的特征。研究表明，越是以数据驱动的企业，其财务和运营业绩就越好。可以预测，未来决定、评价企业价值的最大核心在于数据，数据积累量、数据分析能力、数据驱动业务的能力将是决定企业价值的最主要因素。

大数据改变了长期以来依靠理论、经验和思想的管理决策方式。精准的数据取代了直觉判断，商业智能替代“拍脑袋”决策，提高了决策效率和效能。美国网飞公司第一次推出的全球首部网络剧《纸牌屋》能够大获成功，并迅速成为美国各大社交网站的热门话题，获得第 65 届艾美奖最佳导演和最佳选角两项大奖，其重要原因就是无论是剧本还是导演、演员的选定，都是根据其庞大的用户数据库作为决策的依据。

事实上，大数据已经渗透到了每一个行业和业务职能领域，物联网、云计算、移动互联网、车联网、手机、平板电脑、PC 以及遍布各个角落的各种各样的传感器，无一不是大数据的来源或者承载方式。中国大数据应用市场也已经出现了快速增长，2015 年市场规模达到 46 亿元，同比增长 133%，2016 年有望突破百亿元规模。

《中国大数据产业生态图谱 2016》涵盖了目前大数据产业链各个环节与生态构成，并对各环节关键成功要素进行了分析：大数据生态系统日臻完善；垂直化生态逐步扩张需；行业化应用依托于信息化及互联网的加速；云存储和第三方数据平台战略受到追捧；数据管理技术和手段不断丰富；大数据建设领域仍被国际厂商占据。

第三章

破局：企业转型升级的四级动能

“这是最好的时代，这是最坏的时代……人们正在直登天堂，人们正在下地狱。”英国著名文学家查尔斯·约翰·赫芬姆·狄更斯在《双城记》中的经典语录，描述了以蒸汽机使用为开端的人类第一次工业大革命对整个社会、产业、生产及生活带来的巨大变革。

互联网时代正如第一次工业革命一样，随着技术的不断突破，已经、正在、还将对全球社会、经济、生产及生活产生巨大的影响。未来到底如何，是好时代还是坏时代，是登天堂还是下地狱，不在于你怎么看，更重要的是在于你怎么做。

对于传统企业来说，不分大小，无论行业，不管是民企或外企，不管是延伸还是跨界，万物互联时代的转型升级都无异于一次二次创业，是一个改造重构、涅槃重生的过程，没有非常明确的道路可以走，既有成功的可能，也有失败的危险。

没有人能预知具体的方向，也没有人能准确预测未来的结果。但在真正的行动面前，一些问题都将不会是问题。但从作者所在单位三年的实际情况以及其他传统企业转型的经验和教训来看，要想取得成效，就必须建立转型升级的四级推力，即思维宣贯、队伍组建、路径设计、资源整合，这是破局的关键，也是落地的基础。

第一节　思维宣贯

转型对哪些人有利，对哪些人不利？对短期和长期的正面影响和负面影响分别是什么？员工愿不愿意、支持不支持、参与不参与转型？开始和持续推进转型需要员工具备什么样的知识和技能？企业是否能够及如何帮助员工建立相应的能力体系？有没有推动员工配合和参与转型的激励约束机制？

转型升级是一种变革，变革是对原有预期的破坏，抗拒则是人类对破坏预期行为的一种不可避免的正常反应。组织和员工个人行为发生断裂，是转型升级过程中面临的最大风险。

“互联网＋”转型升级是一种对企业原有预期（发展模式、战略方向）的破坏性创新，事关企业生死存亡，事关员工工作和收入。只有思想认识到位，行动才会自觉；只有知识技能具备，行动才有力量；只有工作氛围宽松，创新才有土壤。

“没有传统的企业，只有传统的思维”。传统企业推进“互联网+”转型升级的基本前提和首要工作就是换脑，不仅普通员工要换脑，高层管理者更要换脑；员工不换脑转型就没有执行力，管理者不换脑就不能洞见新潮流、把握新趋势。

思维宣贯是传统企业“互联网+”转型升级落地的一级动能。

1. 不换思想就换人

领导变革之父科特指出，紧迫感是多变经济形式下的核心生存能力。通用电气前 CEO 杰克·韦尔奇认为，如果外部的变化比内部的变化快，那么企业的死期也就不远了。

对待转型升级的态度，决定转型升级的速度、进度、深度、广度和力度。

“老思想解决不了新问题!”在变革的时代，变革的勇气甚至比变革的能力更加重要。因为环境在改变，用户习惯在改变，你不革自己的命，就有人来革你的命。如果说革自己的命只是短暂的痛苦，但被别人革命则肯定会掉脑袋。与其被动掉脑袋，不如自己主动换思维。

“互联网+”“中国制造 2025”上升为国家战略，勾勒出中国经济转型升级的路线图和时间表，体现了对国家命运历史担当的勇气和决心，也向全国各行各业传递出一个清晰的信号，那就是“互联网+”转型就是时代的最强音和主旋律，商业经济走向网络化、数字化、智能化是一种不可阻挡的历史潮流。

转型升级直接关系员工的工作和待遇，员工个人与企业集体的转型相互影响。在需要集体参与才能完成的转型升级中，光靠自上而下的命令肯定不够，而是需要员工个人真正支持转型，并将其个人的目标、愿景和价值观与之相适应。

只有扎根于充分扩大员工个人意识，充分发挥个人主动性的转型，才可能实现根本的改进。推动转型升级最好的办法，是推动企业员工身体、思维、精神上的全力以赴，如此才能充分、深刻地激发、凝聚所有员工的创造精神，为实现统一的目标和愿景提供无穷的能量。

面对滚滚的互联网浪潮和紧迫的转型升级任务，需要解决员工心理、认识和态度问题，降低骄傲自满、安于现状、妄自菲薄、瞻前顾后、等待观望、敷衍应付、抵触拖延等因素的影响，强化不害怕、不迷信、不盲目、不坐等、不僵化、不空谈、不放弃的积极观念，避免在是否转型上彷徨犹豫、在出现困难时束手无策、在发生矛盾时畏首畏尾、在短期利益面前患得患失。

企业应该向员工沟通转型升级的紧迫感和重要意义，不能被传统的工业思维所束缚，而要跳出行业看行业，并且让员工相信转型升级是可以做到的，取长补短，借鉴吸收，使全体员工真正理解“互联网+”、支持“互联网+”、融入“互联网+”，自觉形成符合“互联网+”时代要求、符合企业发展要求、符合员工自身职业生涯的理念，使全体员工在这种理念的感召、驱动下，正确地做事、做正确的事，竭尽全力地发挥自身潜能。

企业要把“互联网+”转型升级提高到关系企业生死存亡的战略高度来重视，融入到企业发展战略中和企业文化建设中，将“互联网+”转型升级的时代发展方向和潮流，与企业在经济发展新常态下的严峻形势、竞争压力和现实挑战结合起来。

特别是国有企业，完全可以充分挥思想政治工作、企业文化建设方面的传统优势，采取各种方式方法，在各种大会小会上，利用一切可以利用的机会，反反复复不断进行“互联网+”宣讲和强调，把“互联网+”背景、影响、趋势、意义、目的、本质、途径、方法普及宣贯到全体员工中去，不断提高员工对“互联网+”的认识和理解，使互联网思维浸入员工骨髓。

笔者所在的企业，为了让全体员工更好地树立互联网思维，培养员工的互联网应用习惯，了解互联网对社会经济生活的影响，要求全体员工注册自己的微信号，并全国首创了微信发工资——每月将几百元的工资从传统的银行渠道转移到微信红包上来发放，如果员工自己没有微信号来领取，那么这份工资就会自动返还公司而不再属于员工。

当公司向腾讯提出这个要求的时候，他们的技术人员非常惊讶，说他们是第一次接收到这样的合作要求，双方技术人员经过了长达几个月的研发和反复调试之后才正式运行。

公司还在全国首创了微信文章转发统计考核系统，要求每个部门组成自己的微信群，公司不定期发布一些微信文章转发任务并进行考核，无论是公司领导还是基层员工，无论年龄大小和学历高低，没有转发的按照职务高低进行扣款处罚。

此外，公司鼓励员工注册和经营自媒体明星号。

有没有完成微信转发任务，或是自媒体明星号做得好坏，在每月初召开的公司总经理办公会上都要进行通报批评或表扬，表现优秀的员工在企业内部各类先进评选上优先倾斜，公司一些日常性的通知也只在微信群里发布，甚至取消了过去春节后上班第一天公司领导到基层拜年的习惯，而是改为通过网络和微信拜年。

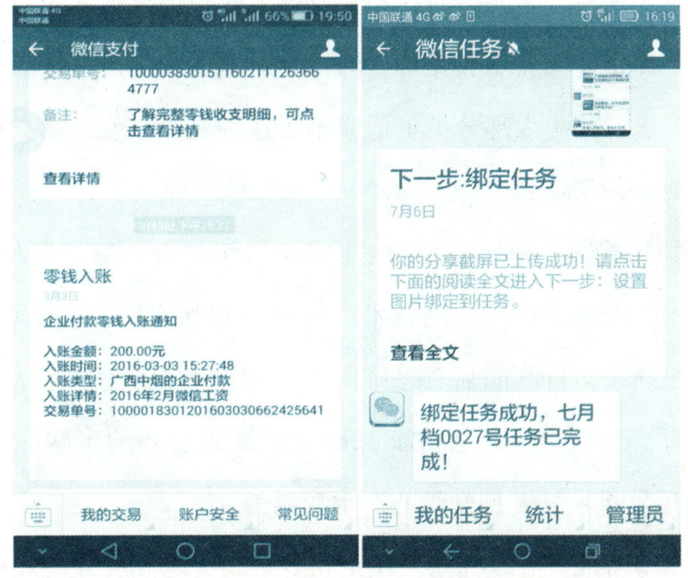

在一次寻找员工失联家属的事件中，微信的力量震撼了所有员工，对员工思想观念的改变起到了极大的促进作用。

2014 年 9 月 8 日，一位员工在自己的微信号上发布了家里老人失联的消息，全家人都非常焦虑。公司员工接收到这个消息后，自动自发地在自己的微信号里进行转发，员工的微信好友们又不断地进行转发，最终在非常短的时间内形成了极大的扩张效应，加大了搜寻力量和范围，在第二天就找到了这名失联的员工家属。

2. 持续培训强技能

在信息爆炸、知识爆炸的时代，任何一个组织，任何一个个人，必须把终身学习作为一种态度，也是参与竞争的需要。

对于企业来说，要跟随时代趋势发展，必须倡导集体学习，建立学习型组织，而企业的发展和变革，同样会对企业员工提出基础素质和技术能力的要求。如果大部分员工适应不了这种要求，就必然会在企业发展中拖后腿。

“互联网+”是一种更新换代速度非常快的新领域。但与此相反，很多传统企业的员工对互联网技术的使用率却并不高，对互联网知识、工具不是很熟悉，自然面临着思维固化、知识老化及技能落后的问题。企业员工对“互联网+”各方面基础知识缺乏必要的了解和应用，成为企业“互联网+”转型升级的严重桎梏。

想要参与游戏，并且在游戏中取得好成绩，必须弄懂游戏规则，参与一个自己不知道规则的比赛，结果必然惨败。如果员工没有掌握新领域的知识和规律，带着对过去的自信、使用传统的知识、采用传统的方法、利用传统的工具去进行“互联网+”，必然会东施效颦、离题千里。一方面会使转型升级的具体工作遭遇重大挫折，另一方面还会极大地挫伤员工参与转型升级的积极性和自信心。

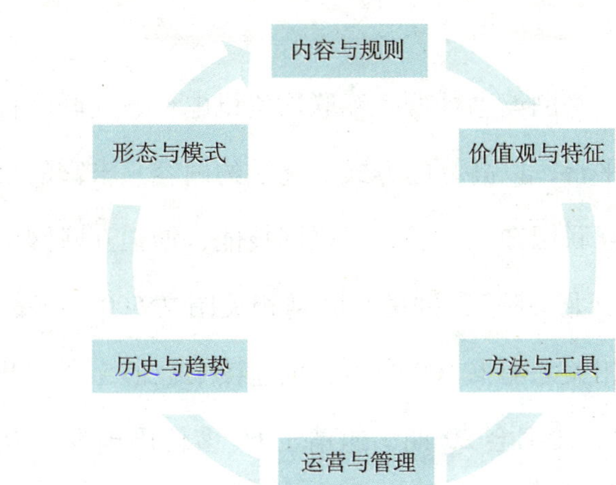

互联网知识能力体系

企业要把“互联网 +”知识技能培训作为学习型组织重要内容来抓，作为员工基础素质教育来抓。组织员工开展互联网技术的岗位培训、技能提升培训和高技能人才培训，加快培养“互联网 +”领域的高素质专门人才和技术技能人才。

在费用预算、时间安排、课程内容、师资力量等方面进行适当的倾斜，采取请进来、送出去相结合的多种途径，采取集中培训、自我学习相结合的多种方式，使应用、善用互联网思维和工具成为员工必备技能，提升企业员工队伍的整体素质，为“互联网 +”落地提供组织保障。

近三年来，笔者所在企业就不断开展互联网知识的普及、提升、专题培训，大大小小规模的培训、讲座、讨论近 100 场。不仅开展内部培训，还直接将主要实施员工选送到北京、深圳等地的互联网公司长期跟班学习。

公司还通过互联网读书社群、互联网资讯电台、互联网特色周刊等多种形式的学习平台，以高频的方式、优质的内容、丰富的渠道传播互联网资讯，普及互联网知识，提升互联网技能，增强互联网敏感。

比如建立“真龙书院”，推送互联网相关图文500多条，推荐与互联网和转型升级相关的图书100余本，创建读书社群3个，开展线上读书会40多期、线下读书会20期，邀请了60多位国内外与互联网相关领域的知名学者、讲师嘉宾。通过微信公众号、荔枝电台和喜马拉雅电台，每日编辑发送“互联网早餐”，累计播放量已达接近40万次。创办“互联网+”特色周刊，编辑整理互联网相关经典原创文章、热点文章，累计出版54期、70余万字。

3. 营造氛围聚人心

传统企业喜欢稳扎稳打、十拿九稳，对待错误基本上都是坚决说不的。但是互联网经济本身具有鼓励试错、不断迭代的特性，试错是互联网化过程中的必要环节。很多产品或服务都是在不断试探、改进过程中逐渐形成的，只有不断试错才能保持正确的判断。

即使是百度、腾讯这样的互联网巨头，在互联网经济创新的道路上，也是犯过很多错误的，其很多成功的业务也都是在不断地尝试新项目、不断地试错过程中最终成长起来的。小米标榜的开发模式“小步快跑，不断迭代”其实也就是不要怕犯错。

为了适应“互联网 +”转型升级的需要，企业要营造一种鼓励创新、宽容失败的良好氛围，鼓励全体员工树立变革创新的勇气、干事创业的激情、敢啃骨头的斗志、不怕失败的闯劲，以最大限度调动全体员工的积极性与创造性。

要重新建立试错容错机制，构建打破传统管理层级的沟通机制，打造鼓励破旧立新、创业创新的平台，给相关部门和参与员工提供大力支持，在风险可控的情况下，鼓励员工大胆创新、勇于试错。

特别是对“互联网 +”转型牵头部门，要在重视程度、资源调度、人财物投入力度上给予优先考虑和全力支持，在日常的劳动纪律、绩效考核、工作安排上提供更加宽松的氛围。

也许，在一些企业，以前只有真实可行的创意和建议才能得到奖励，但是现在，只要员工的建议和创意确实有合理的逻辑和思路，符合企业转型升级的主体和要求，即使执行性不是很强，也一样要给予适当奖励和鼓励。

一些企业过去的氛围和风格比较古板传统，现在可以对一些特立独行、性格张扬的员工给予宽容。也可以采取适当的方式，如采取组织一些游戏活动，建立一些讨论园地，鼓励员工畅所欲言、激发创新。

丹尼尔·平客在《全新思维》中说：未来将属于那些拥有与众不同的思维的人，“左脑”统治的逻辑、线性、计算能力为主的“信息时代”即将过去，取而代之的将是一个全新的以创意、共情、模式识别、娱乐感和意义追寻的“右脑”能力为主的“概念时代”。

在职业成长与工作安排上，充分利用年轻人喜欢新鲜事物和思想的特征，大胆启用年轻员工和创意人才，为他们提供施展才能的舞台，让青年骨干担纲创新项目主体，利用这些高学历、高智商的互联网原生代、原住民在创新项目中实现自我价值。

还可以通过举办技术交流会、项目探讨小组、学习报告会的形式，推动项目内部、项目之间、项目负责人之间的沟通交流，鼓励大家分享项目推进过程中的知识、技术、技能、技巧、方法、成果，从而激发源源不断的创新灵感，减少项目执行中出现的重复性、一致性问题。

如果说过去传统的企业发展方式是火车，整个列车只靠一个火车头来带的话，那么“互联网 +”转型的方向就是动车，每列车厢都有自己的动力，要调动每位员工的智慧、突出每个人的个性，让每位员工都成为动力源、创新源。

只要营造出一个人人学习“互联网 +”、人人懂得“互联网 +”、人人参与“互联网 +”、人人争做“互联网 +”、人人能做“互联网 +”的良好氛围，就一定能够推动企业重新焕发出勃勃生机。

第二节　团队搭建

是把“互联网 +”转型当做信息化工作一部分，还是作为一项战略新工作？由分管信息化工作的领导还是由公司一把手来抓？由原来的信息化部门牵头还是由其他部门，或者成立一个新部门牵头？企业自己慢慢摸索还是聘请专业咨询团队参谋？领头人从企业内部选拔还是选择“外脑”？这些问题一直困扰着传统企业。

从全国实际来看，“互联网 +”方面人才极度缺乏是阻碍传统企业转型的一个重要因素。一方面互联网相关专业技术人才极度缺乏，另一方面市场上具有互联网知识和技术的人大部分缺少实践经验，既有理论基础又有实际经验的专业化团队严重不足。

在大多数传统企业里，无论是对领导层、管理层，还是对执行团队、普通员工，“互联网 +”转型都是一个新生事物。高层领导是否支持、工作机制是否顺畅、核心团队执行能力强不强，直接影响“互联

网 +”转型落地的成效。

团队搭建是传统企业“互联网 +”转型升级落地的二级动能。

1. 一把手不抓真不行

转型升级能否成功，领导者扮演关键性角色。一般来说，对于可预期的转型升级比较依赖结构性及传统的运作方式，领导者只需发挥帮衬效果。但是不可预期的转型升级则比较依赖分权及弹性的运作方式，不只是企业，领导者本身也是需要转型升级。

高层领导重视不重视、支持不支持，直接影响“互联网 +”转型升级的力度。为了保证这个力度，企业必须厘清一个事实，那就是“互联网 +”转型与传统信息化是既有联系又有区别，传统信息化为“互联网 +”转型奠定了一些基础，“互联网 +”转型是信息化工作的升级，千万不能将“互联网 +”等同于信息化。

在任何企业中，领导班子是一面旗帜、是一种导向，班子的思维、状态、态度及行为直接影响每一位员工。转型涉及战略方向调整，涉及工作重点的转换，需要进行资源的重新调配，很多时候还会打破原有的格局，涉及相关利益的调整。如果管理层不重视或不支持，甚至自己根本一点都不了解，转型升级的动力肯定不足，决策时的态度必然漠视甚至抵触。

企业领导层要把推进“互联网 +”转型作为一件关系企业生死存亡的战略性、全局性大事来抓，对国家、地方、行业相关政策要深入了解，对行业内外企业“互联网 +”转型升级的经验教训要高度关注，对本公司“互联网 +”转型各项规划和工作安排要大力支持，对有关“互联网 +”转型的重大事项和项目要快速审批，对“互联网 +”转型工作对自己固有思维模式和工作方式提出的调整要求要虚心接受，对“互联网 +”转型升级取得的阶段性进展和影响进行及时评估，对某些部门或者某项工作上取得的突破要鼓励表扬，从而为转型升级铺道路，也为员工做出表率。

特别是一把手，作为企业发展核心发动机、高层团队“领头羊”，要做企业“互联网 +”转型的策划者、引领者、推动者，率先垂范、身体力行，全面、理解学习“互联网 +”，支持、体验“互联网 +”。虽然不是要求一把手所有事情都能亲力亲为，但是没有一把手的坚定支持、大力推动和积极参与，“互联网 +”转型肯定走不远、走不好。

笔者所在的企业一把手一直亲自抓“互联网 +”工作，无论是在思维宣贯彻上，还是在整体规划上，或者在业务设计上，甚至在具体工作中，他都亲自上阵、亲自参与、身体力行。

在一些具体文件的制定过程中，领导与相关员工一起坐下来一字一句地修改；在一些具体体系的研究设计中，领导与技术方一起反复研讨，探索方向和措施。

2. 跨部门协同好推进

“互联网 +”转型作为一项新的工作内容，在传统企业中不可能马上在每个部门设置新的相应岗位，无论是对职能部门还是对员工个人来说，都是一项新增的工作。在收入没有增加的情况下，却要花出很多的时间和精力做这项工作，思想上肯定会有抵触情绪。大量跨部门、跨业务的工作安排，对传统企业的岗位设定、绩效考评等提出了挑战。

一定要从思想认识、职责划分、工作方式上打破打破传统的职能部门分工壁垒和业务围墙，建立一个有主管部门牵头抓总体、相关部门通力协作、全体员工积极参与，有统筹、有策划、有管理、有实施、有运营的工作机制。

牵头部门可以单独设置，也可以设置在相关职能部门，但是一定要在公司中具有权威。特别是企业高层必须要赋予这个部门调动全公司资源的权力，全力支持该牵头部门，甚至必要的时候，要修改部门职责和岗位职责，将相关工作纳入考核之中。

笔者所在的单位，根据“互联网 +”转型具体工作需要，不断对企业组织结构体系和职能分工进行调整，逐步形成了“统筹设计、分工协作、全员参与”的“互联网 +”转型工作体制机制。

早期探索阶段，只在市场营销中心设立网络营销科，然后在信息中心设立电子商务科。前期研究布局阶段，在行政中心下单设互联网转型工作组，人员采取公开招考和借调的方式从全公司选拔。全面铺开深入推进阶段，单独设立“互联网事业部”，并对各相关部门职责进行明确划分。

一定要对“互联网 +”与传统信息化进行切割和划分。信息化工作在中国已经具有非常长的历史，很多传统企业早就设立了信息化工作部门。特别是近年来“两化融合”的深入全面推进，在推动企业发展方面发挥了重要作用。

但受到传统信息化思维方式、工作方法及知识经验的束缚，原有的信息化工作部门并不一定适合成为公司“互联网＋”转型的牵头部门，但是信息化部门在“互联网＋”转型落地中又负有非常重要的责任。

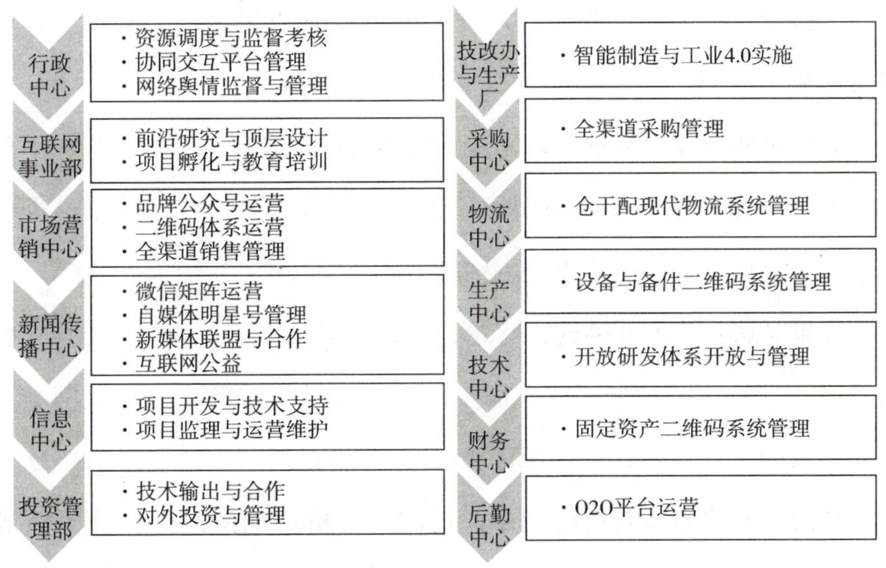

“互联网＋”责任分工体系

3. 内外结合构建核心

“互联网＋”转型升级从内容上包括双向作用的两个方面，一是传统业务的互联网化，二是互联网技术的实施落地，两者紧密结合、缺一不可。

为此，企业必须组建一支具有创造力、执行力的团队，团队成员必须由多学科、多领域、多经验人才组成，还必须对“互联网+”转型工作充满热情、富有激情、充满活力，最好是既懂互联网知识又懂行业知识。

首先，要选好领军人物，也就是要确定一个灵魂人物。这一点至关重要，甚至直接决定企业推进“互联网+”转型的高度、力度、速度以及质量、结果。

如果是从企业内部挑选，不能采用传统的管理干部挑选标准，而要挑选那种具有一定的互联网知识积累、乐于接受新事物、敢于推进创新、勇于承接重担、能够承受一些压力的年轻骨干。

如果是从企业外部挑选，尽量选择在类似的传统企业中参与和实施过“互联网+”转型的人才，而不要选择那种只有纯粹的互联网企业工作经验的人，或者是只有互联网理论知识的人。

其次，要按照新老搭配、专业搭配、性格搭配的原则挑选团队成员，将传统业务与创新业务从对立转化为互补，将替代转化为竞争，从而建立更加融洽的落地环境和更加符合企业实际的变革举措。

为了适应转型需要，有些企业需要重新培养团队，甚至开展组织架构和人事调整，招聘新人，增减岗位，调整分工，既需要招聘一些具备互联网思维、互联网技术、了解互联网新生代消费者的人才，又需要改造和培养一些企业现有相关岗位上的员工。

在部分企业里，拥有先进知识和技能的新员工看不起老员工，认为他们思想、行为落后、脱节、不懂变通。拥有长期实践和丰富经验的老员工也看不起新员工，认为他们思想、行为激进、幼稚，不切实际。这种矛盾在“互联网 +”转型过程中更加凸显，也就更加需要注意协调好新老员工的关系和情绪，通过加强沟通、开展协作，让他们在共同的工作中变对立为互补、变替代为竞争。

当然，转型并非颠覆，企业不可能、也没有必要对所有岗位进行大换血，大部分重要岗位和人员都会继续保留，而对于一些需要安排互联网新型人才的岗位，可以将老员工调岗到其他适合的岗位继续为公司整体运营服务。从事“互联网 +”转型工作的同志，也千万不能完全只顾自己不管其他任何事情，要用自己的行动赢得其他员工的尊重和支持。

笔者所在企业组建转型执行团队时，坚持以内部选拔培养为主、以外部引进使用为辅。团队领头人是长期工作在行业、熟悉了解行业发展动态、长期研究行业发展趋势，但是又具有深厚的“互联网 +”理论与实践功底的博士后。

首先，采取自愿报名的方式从几千名员工中组建了 100 人的先锋队。其次，采取笔试与面试相结合的方式从毕业三年内的几百名“985、211”大学生中公开招聘 10 名员工组成“互联网 +”转型研究小组，从公司信息中心抽调多人前往各职能部门负责信息化与“互联网 +”转型工作，公司各部门、各单位分别指定一名员工作为微信管理员，共同组成公司跨部门、多层次“互联网 +”转型团队。

随着“互联网 +”转型工作的开展，大力招聘清华大学、北京大学、复旦大学等“985”学校博士、硕士和本科大学生充实到队伍中来，还积极引进具有阿里巴巴等互联网企业工作经验、愿意回乡发展事业的互联网人才。

为了提升转型执行团队整体素质和水平，我们参照互联网企业的一些做法，制订了项目经理、产品经理、运营经理三支队伍培养的方案，并结合企业互联网项目来实施。

第三节 路径设计

企业传统的竞争优势在互联网时代仍然有效吗？企业转型的方向和目标到底是什么？对于“互联网+”转型有没有系统的规划和设计？转型升级的节奏快点好还是慢点好？是单点突破、以点带面还是全面铺开、系统推进？

大多数企业转型变革失败的一个重要原因就是缺乏系统性，“互联网+”转型升级是传统企业商业基因进化的重大、长期、革命性工程，可以说是伤筋动骨的“大手术”，短期内不可能一蹴而就，更不可能跳跃式前进。

“互联网+”转型需要不断在实践中探索和完善，必须进行综合分析、深入讨论，需要系统设计、把握节奏，最好单点突破、以点带面，确保企业转型有方向、有目标、有部署、有节奏、有重点地稳步推进。

路径设计是传统企业“互联网+”转型升级的三级动能。

1. 前置分析找问题

“认识你自己”是铭刻在古希腊德尔菲阿波罗神庙墙壁的三句箴言之一，也是其中最有名的一句。

企业在确定“互联网＋”转型方向和目标时，首先要做的就是要重新认识自己，包括重新认识行业、重新认识企业、重新认识产品，以此找到产业痛点、企业痛点、产品痛点。

要利用各种分析方法和模型，对外部环境、企业资源/能力、利益相关方价值诉求、技术创新趋势进行充分研讨，评估行业竞争形势、解构原有的利益链条、把握产业链创新节点，对未来的转型方向和商业模式形成共识，确保企业转型方向目标与长期积累、沉淀的资源、能力相匹配，既能树立紧迫感，又能增强行动的信心。

首先，通过 SWOT 分析模型找到企业的优劣势，努力争取打造“互联网＋”转型方面的先发优势。

优劣势分析主要是着眼于企业自身的实力及本行业原有竞争对手的比较，而机会和威胁分析将注意力放在外部环境的变化及对企业的可能影响上。随着互联网时代信息科技的不断突破，企业商业范围不断打破了时间与空间的距离，产品供应量和消费者都呈现出几何级数的增长，模仿型、排浪式的消费已经过去，个性化、多样化的消费已经到来，企业所处的商业环境更加开放和动荡，对所有企业都产生了深刻的影响。

竞争优势是消费者眼中一个企业或它的产品有别于其竞争对手的任

何优越的东西。企业要深入分析互联网时代下商业环境给企业生产经营造成的挑战和影响，或者扬长避短，或者以实击虚，探求通过企业自身固有的优势，结合互联网技术的优势，在行业竞争中创造某个方面的先发优势，如产品的个性化、销售渠道的广覆盖、产品成本的竞争性。

其次，通过波特五力模型摸清行业形势，突出研究互联网企业跨界的可能性。

工业经济时代的波特五力模型应用，将大量不同的因素汇集在一个简便的模型中，对一个产业盈利能力和吸引力进行静态断面扫描，说明该产业中企业平均具有的盈利空间，以此分析一个行业的基本竞争态势，确定企业应该采取的竞争策略。该模型事先做了三个假设，即对整个行业信息的全面了解、同行业之间只有竞争关系、行业总体规模是固定的。

在互联网经济时代，企业对整个行业信息的全面了解更加容易，同行之间也并不一定全是竞争关系。通过互联网技术、思维和方法，利用互联网的创新效应完全可能快速扩大行业的规模，进一步挖掘出行业发展的潜力。

在确定“互联网+”转型目标时，不仅要进行行业发展态势和前景分析，更要把主要的关注点从以前的同行业竞争者向潜在的新参加竞争者和替代产品转移，时刻警惕互联网企业的跨界进入。正如通信公司的最大竞争对手是微信和QQ，汽车公司和出租车公司最大的竞争对手是滴滴出行和神州专车，海尔最大的竞争对手是一袋洗。

最后，用九宫格曼陀罗法分析产品的互联网化程度，确定可否打造入口级产品。

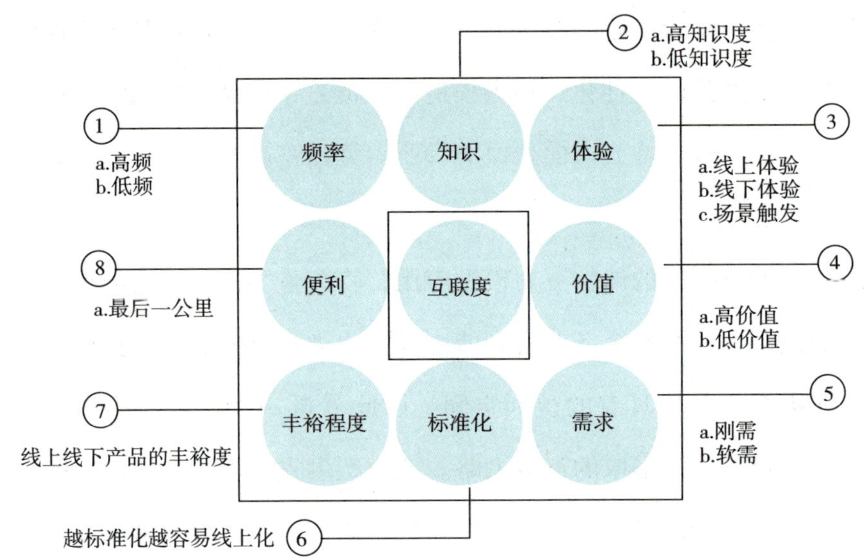

九宫格曼陀罗法是一种有助扩散性思维的思考策略，利用一幅像九宫格图，将主题写在中央，然后把由主题所引发的各种想法或联想写在其余八个圈内。也就是从事物的核心出发，向八个方向去思考，发挥八种不同的创见，依循此思维方式加以发挥并扩散其思考范围。

企业在制定“互联网+”转型方向和目标时，必须要对现有的核心产品或者目标消费者，以可互联网化程度为核心进行九宫格陀罗法分析。

例如，将核心指标定位为用户，那么我们就可以利用像九宫格图判断目标用户的互联网化程度，用户互联网化越高的产品越容易受到互联网的冲击；而另外八个指标是关于产品本身属性的，越是高频次、低知识度、高实体体验要求、低价值、刚需、标准化、供给过剩、不便利的产品，对互联网经济越有吸引力，越容易受到互联网经济的冲击。

2. 系统设计定方向

有思路好打仗，好思路打胜仗；没思路打乱仗，坏思路打败仗。一个人顶不过一个团队，一个团队干不过一个系统。

“互联网+”转型是时代大趋势，就像当年的工业化转型、信息化转型一样，早晚都必须要转，不转则必死无疑，谁也不能逆势而为。

“不转型等死，转型找死”，众多传统企业面临的尴尬局面和发出的无奈叹息，不断提示着所有的传统企业，“互联网+”转型的道路荆棘密布、暗礁丛生，一个不小心就会“车毁人亡”。

尴尬和叹息的背后，是众多传统企业在“互联网+”转型上的失败和不彻底。出现这些问题的主要原因，就是缺乏系统性的顶层设计，试图直接从某个操作层面，或者某个点上直接完成整个企业的转型。

实际上，传统企业的“互联网+”转型，就是要利用互联网工具、思维和方法对企业整个供应链、价值链中的采购、研发、制造、物流、营销、管理、模式等进行全面改造和重构，既是一个战略问题，也是一个战术问题，更是一个浩大的系统工程。

综观当前大部分传统企业的“互联网+”转型，基本都集中在电子商务和网络营销方面，而且用的是老思路、卖的是老产品、走的是老路子。这只是营销领域的“互联网+”，甚至仍然只是发挥了互联网初级层面的广告传播、销售渠道功能，还没有发挥出互联网在客户全生命周期管理方面的价值。

而在供应链整合、组织变革、商业模式创新三个更高层次领域的“互联网 +”转型则少之又少。这些企业并没有吸收互联网基因完成商业进化，从组织架构到运营流程和过去比并没有任何的变化。由于只有小米、海尔等少数知名企业在这些较高层次领域有成功案例。而且即使还有一些成功的探索，也因为没有广泛传播而无人所知。

“互联网 +”转型要开展系统思考和顶层设计，设计好大致的路线图。顶层设计需要明确以下问题：选择什么样的转型模式？转型后企业与客户、员工、环境是什么关系？组织架构、运营流程、人力结构、管理机制等方面要达到什么样的状态？需要在哪些领域作出调整？转型的重点在什么？转型的进度如何安排？转型的节奏是一次到位还是分步实施？转型的顺序先做什么后做什么？有哪些资源支持和配套保障机制和措施？

互联网时代的一个典型特点就是变化加速和不确定性，在这种变化快速的不确定环境里，顶层设计也并不是一成不变的。必须在顶层设计范围内不断试错的基础上，对路线图进行及时的迭代调整，真正在实践中不断探索前行，避免南辕北辙，将企业拖入危险境地。

既要虚心学习借鉴行业内外先进企业的经验教训，也要不断反思自身实践的经验教训，总结归纳共同的规律和可用的方法，从而降低试错成本，提高迭代效率，适应环境的变化和企业的实际，真正实现螺旋式的上升和前进。

“互联网+”转型还要强化风险管理，明确哪些是真正必须要的，哪些是具体可行的，每一项工作需要多少资金，运营过程中有哪些风险，企业对于某个方面的创新容忍度是多高。这些都要有提前的设想和充分的谋划，始终保持战战兢兢、如履薄冰的态度。不能放弃的要持续推进，可有可无的要适当止损，避免对企业机体和持续经营造成不可挽回的影响。

商业模式画布图是一种能够帮助创业者催生创意、降低猜测、确保他们找对目标用户、合理解决问题的工具，在传统企业“互联网+”转型的系统设计中具有非常重要的作用。

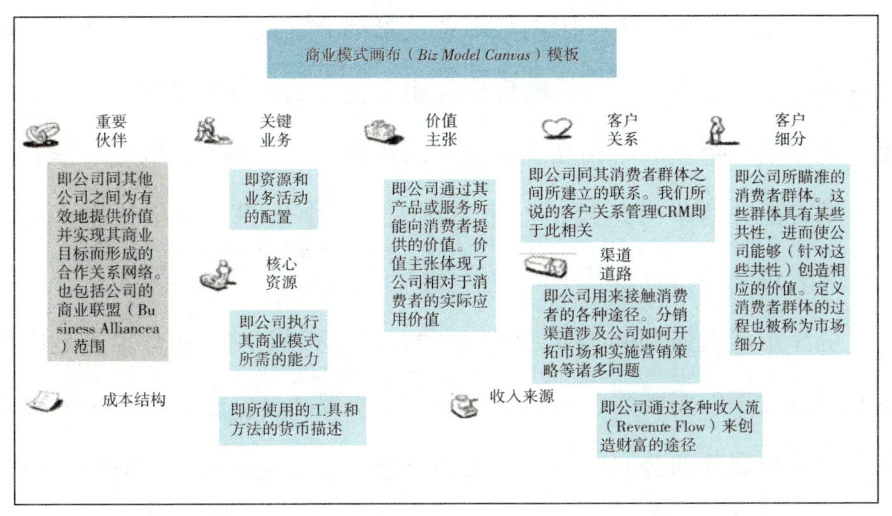

商业模式画布图由9个方格组成，每一个方格都代表着成千上万种可能性和替代方案，企业需要做的就是找到最佳的那一个。商业模式画

布图不仅能够提供更多灵活多变的计划，而且更容易满足用户的需求。更重要的是，它可以将商业模式中的元素标准化，并强调元素间的相互作用。

在顶层设计中，一定要想清楚商业模式额四个关键问题：目标客户是谁？为这些目标客户提供什么样的产品？通过这些产品如何实现企业盈利？怎样建立竞争优势并构筑壁垒？

3. 单点突破促全局

商场如战场。历来各国经典兵书都是商业竞争最好教材，各种军事思想备受企业家们的青睐。

在企业经营管理中，国内很多企业家都非常崇拜毛泽东的兵法，并将其在战争中创造总结的战略理论应用于企业的经营管理工作中，提出了多个军事与企业战略相互融会贯通的经典理论。其中，以老一辈企业家、军人出身的华为总裁任正非为代表，而中生代与新生代中，史玉柱、陈天桥、马云也是其中的佼佼者。

毛泽东多次强调的“集中优势兵力打歼灭战”军事思想，是中国红军和解放军以弱胜强、不断取得胜利的重要法宝，也是古今中外一切战争中克敌制胜的普遍法则。其核心思想，就是通过在某一时间与空间上形成相对敌方的优势兵力，从而形成局部的战略优势，歼灭其中一部分后再扩大战果，最终实现战略主动的目标。

华为的任正非将这一战略原则总结为：在成功的关键因素和选定的

战略成长点上，以超过主要竞争对手数倍的强度配置资源，极大地集中人力、物力和财力，实施重点突破。华为公司正是在这个战略原则指导下，28 年来对准一个城墙口持续攻击，最终不断超越世界 500 强巨头，登上全球通信设备行业巅峰。现在又以此为基础，向智能手机、智能设备以及云计算、大数据行业扩张。

其实，无论是成功的传统企业还是互联网企业，在初期基本都是靠集中优势兵力，在某一个环节或某个细分领域进行突破，然后以此为基点不断扩张自己的产业。百度、阿里巴巴、腾讯、360、京东先后以搜索、电商、社交、杀毒、3C 电商为突破点，在细分领域做成龙头之后逐步延伸出庞大的商业生态。苹果公司更是以一个小小的 ipod 为突破点，从奄奄一息逐步变成全球最伟大公司之一，关键战役就是加上一个能存上千首歌的东芝硬盘，从而在所有 MP3 播放器中脱颖而出，最终开启平板电脑、智能手机的时代。

相对于军队的兵员和武器，企业的兵力就是企业的资源，其中包括人力资源、财务资源与技术资源。在商业竞争中，每家企业所拥有的资源都是有限的，最后的胜利者一般情况下将属于资本更为雄厚的一方。弱小企业和后发企业想要实现弯道超车，就必须集中企业现有的资源，在时间上与空间上相对竞争对手形成瞬时优势，从而快速歼灭敌人，形成局部市场优势，在此基础上伺机扩大战果，从而在蚕食对手市场的过程中达到最终的胜利。

“互联网 +”转型作为一项长期性、广覆盖的重大工程，任何企业都不可能在短时间内全面推进，在资源有限的情况下更不可能做到面面俱到。如果长时间无法打开局面、取得成效，企业和员工就会对完成“互联网＋”转型失去信心和勇气。伤其十指，不如断其一指，踏准节奏、单点突破非常关键，既可以快速锻炼队伍，又可以及时检验结果，还能不断激发队伍士气。

企业可以按照“全面研究、分项推进，孵化为先、回注融合，以点带面、由浅入深”的原则推进“互联网＋”转型。课题研究必须进行全面覆盖，但是项目安排不能全面冒进。按照精益创业方法孵化项目，稳定成型后由职能部门推进落地。从实施难度最小、对各种利益触动最小的领域开始，从与市场联系最紧密、与消费者接触最接近的领域开始，先易后难、先外再内层层推进。

利用迈克尔·波特提出的“价值链分析法”，可以分析企业生产经营过程中的各项活动、功能和业务流程是否创造了价值，或者减少了价值，对以前基于信息不对称的既得利益必须坚决放弃，更加重视价值创造的环节，努力减少不创造或者创造很少价值的环节，甚至是重构价值链。

企业要创造和保持的竞争优势，实际上就是企业在价值链某些特定的战略环节上的优势。这种竞争优势既可以来源于价值活动所涉及的市场范围的调整，也可来源于企业间协调或合用价值链所带来的最优化效益。企业最好能够占据那些真正创造价值的经营活动，也就是价值链上的“战略环节”。

互联网企业进攻方向

<table>
<tr><td rowspan="4">支援活动</td><td colspan="5">基础结构—财务、文化</td><td rowspan="5">利润</td></tr>
<tr><td colspan="5">采购管理—原材料、设备、服务</td></tr>
<tr><td colspan="5">技术支持—研发、质量</td></tr>
<tr><td colspan="5">人力资源管理—培训、绩效</td></tr>
<tr><td>主要活动</td><td>原料输入</td><td>生产加工</td><td>成品输出</td><td>销售及市场营销</td><td>客户服务和售后市场</td></tr>
</table>

传统企业进攻方向

第四节　资源整合

为了实现“互联网＋”转型企业准备投入多少？有没有不成功便成仁的决心？公司有什么是转型过程中可以利用甚至强化的资源优势？有哪些工作或者关注点是转型中不可动摇的？企业与哪些互联网企业和商业生态圈建立了合作关系？有没有最大程度地利用互联网的资源？与传统的竞争对手以及互联网领域的竞争对手关系怎么处理？

无论是“互联网＋”还是“＋互联网”，“互联网”虽重要，但是“＋”更重要。“＋”就是连接、就是整合，将传统企业的优势与互联网技术的优势整合起来，把自身的资源与社会的资源整合起来，才是转型升级的核心要义，与过去的竞争对手一样可以抱团取暖。

有些传统企业在转型过程中，既没有破釜沉舟、一往无前的决心，也没有参与高纬度游戏、在游戏中成长的信心；不仅没有整合互联网的优势和社会的资源，反而把自己的优势和资源浪费掉了，丧失了打造精品的耐心和能力，最终得不偿失。

资源整合是传统企业“互联网＋”转型升级落地的四级动能。

1. 破釜沉舟背水战

“互联网＋”转型是一种趋势，是一种必然。迟转不如早转，被动转不如主动转，部分转不如全面转。但是很多传统企业面对不确定的互联网世界，不敢投入、不愿投入，没有整合企业内部的资源，最终的结果自然是事倍功半。

“互联网＋”转型本质上是一种信息技术与企业传统生产经营各个领域的深层次融合，是用信息技术来改造和重构企业的方方面面，以解决传统企业各个环节的效率、创新问题，没有长期持续的人力物力财力投入根本无法实现，没有大规模资源投入的“互联网＋”转型就是一句空话。

真龙集团在“互联网＋”转型过程中，重新调配内部各项资源，无论是在技术改造、市场营销、信息化建设等硬实力投入上，还是在企业文化建设、员工教育培训等软实力投入上，都向“互联网＋”转型方面进行转移和倾斜，减少和控制传统项目投入，逐步加大“互联网＋”项目投入。

在技术改造上，按照万物互联的要求调整生产线设计，引入柔性生产和模组加工工艺，增加用于二维码技术的网络布局，引入自动化生产线和机器人，建设自动控制、数据采集和 MES 系统，单单在互联网信息化方面的细分项目投资金额就达到3亿元。

在市场营销上，过去广告费、促销费主要用于电视、报纸、杂志、户外、渠道方面，这几年在推进“互联网+”转型的过程中，传统媒体上的投放越来越少直至基本取消，而用于互联网营销和消费者回馈的比例越来越高直至成为主流，市场营销基层队伍的主要精力也从传统的拉关系、做渠道、争销量转移到做营销、搞地推、提服务上面来。

在信息化建设上，传统的信息化建设项目只维持基本的投入用于原有信息系统项目运维和完善，投资重点转移到“互联网+”转型相关项目上来，转移到打通原来已有的各个系统的数据和接口上来，重点做好移动互联网、大数据、云计算、二维码体系等方面项目的研发和建设，将传统的信息化基础运维服务剥离外包给第三方，信息化相关工作人员工作重点转移到“互联网+”转型项目上。

在人力资源调配上，将一些有潜力、有能力的骨干抽调到“互联网+”转型一线工作中去，在培训安排、差旅安排、奖励评聘等方面对“互联网+”转型工作战线纳入优先考虑。

可以说，没有这些投入，“互联网+”转型不可能取得大的成果，更不可能实现脱胎换骨的突破。

2. 围绕品质强优势

产品始终是品牌的根基，质量始终是产品的生命。如果产品本身不好，再厉害的互联网营销也是忽悠，即使短期内实现了“膨胀”，最终也会很快成为破灭的“泡沫”，企业自然也无法长久生存。

互联网时代，改变的是规模化与个性化之间的取舍和平衡，不变的是对成本和产品质量的追求；改变的是品牌理念和营销信息的传播方式和渠道，不变的是对广泛而长期市场影响力的追求以及品牌价值的塑造。

杰克·韦尔奇和苏茜·韦尔奇在《商业的本质》书中写到：尽管科技革命给市场带来了诸多杂音，但是你不能迷失于商业中最核心的东西，那就是创造出人们觉得“我想要”的产品。这一点在 1960 年是真理，在今天是真理，等到了 2060 年仍然会是真理。

“叫个鸭子”创始人曲博认为：如果只有营销，没有好的产品和服务，任何品牌都无法生存下来。

无论我们在“互联网 +”方面如何做、做得如何、花多大力气去做，都不能忽视产品质量。这既是企业品牌立身之本，更是当前中国供给侧结构性改革的应有之义。

近年来，在中国实体经济持续低迷的情况下，中国人海外疯狂扫货的目标却从原来的奢侈品向电饭煲、菜刀、奶粉、马桶盖等各种日常用品扩散，这说明中国必须提升中国制造的品质。

正如华为公司任正非的观点一样：供给侧改革，就是为了提升供给的品质。

“互联网 +”转型不只是在消费端和销售端应用互联网思维，更要将互联网思维和互联网技术深度渗透到企业的研发、制造、管理过程中去，最终的体现就是产品品质更加符合市场需求。在“互联网 +”的时代，生产依旧是大前提，没有好产品做保障，再前沿的理念也是空中楼阁，坚守品质内核才能走得更远！

要做到这一点，就必须向日本和德国的制造业学习，发扬“工匠精神”，对品质孜孜不倦、执着追求，甚至是吹毛求疵。其实这方面，中国也有一些优势和传统，大量的国际名牌产品背后的“MADE IN CHINA”充分说明了这一点，但是还做得不够精深。

“互联网 +”转型包含传统企业和互联网两个因素，互联网因素不是任何企业独占的资源和能力，而是像水和电一样赋予所有企业的能力。任何传统企业都能很好地学习并运用互联网能力，努力将互联网技术应用到传统业务的改造融合、提升创新中去。

特别要充分运用自身已有的优势，尤其是互联网经济所不具有的实体经济经验和优势，扎扎实实提升产品科技含量、提升产品工艺质量、提升产品服务水平。例如，传统制造企业在核心技术、研发实力、市场营销、质量管理、成本控制等方面的优势；再如传统零售企业在物流、仓储、配送、网点、供应链等方面的优势。

如果为了实现“互联网 +”转型，而丢弃自己本来已有的优势，无异于传统企业自断手脚，不仅不能发挥出“互联网 +”的效果，反而可能催毁传统企业本来的生存基础，加速灭亡进程。

小米公司站在智能手机的风口，凭借没有工厂的轻资产模式、互联网营销和粉丝经济，在短短几年时间内快速崛起，进入全球智能手机前三，估值一度达到400亿美元。

但是华为、OPPO、VIVO凭借在科技研发、供应链、生产制造、线下渠道、服务体系建设方面的传统优势，后来居上，2016年先后超过小米、联想等厂商进入全球前五，华为公司在500～600美元中高端价位段全球市场占有率从15%提高到25%以上。

而小米公司则因为缺货、质量、诉讼等问题迟迟无法打开高端市场以及破开欧洲、美国市场大门，迅速跌出五强行列。这也逼迫小米公司开始恶补供应链，雷军亲自跑核心供应链CP，如芯片、屏幕、内存。

3. 构建参与生态圈

“互联网+”转型是国家政策，各级政府有相应的引导和支持政策。传统企业应该加强与政府相关部门和单位的沟通交流，积极争取政策支持、资金支持，参与到政府推动的重大工程里面去，搭船出海。

国家鼓励创新、鼓励转型、鼓励战略性新型产业发展的背景下，传统企业在“互联网+”转型方面的积极探索，非常容易得到国家政策和资金的支持。当然前提是你的项目确实有前景。

而且，围绕“互联网+”转型，我国在硬件、技术、软件、服务等基础设施方面已经形成了一大批相关的产、学、研、企，传统企业借助这些外部智慧和力量，借助高等学校、科研院所、互联网企业的力量，围绕企业应用互联网新技术新业务进行多种形式的合作，推动人才、技术、资本、信息等创新要素无障碍流动，优化创新要素配置，有利于减少探索的时间和成本。

传统企业在过去长期的经营过程中都建立了成熟庞大的供应链体系，与整个价值链上的合作伙伴建立了良好的紧密关系，拥有了互联网企业所没有的大量数据，是传统企业可以调动的重要资源。

企业可以将价值链体系上供应商、经销商、零售户、消费者都纳入到“互联网+”转型工作中来，相互之间可以资源共享、信息共享、智慧共享、开放协作，从而形成自己的商业生态体系。

更重要的是，传统企业应该充分发挥自身的优势，积极参与到各大互联网生态体系中去，可以与国内主要互联网企业建立合作关系、开展深度合作，因为传统企业的优势资源正是长期以来互联网企业垂涎的目标，互联网企业同样需要不断扩张他的影响力和业务覆盖范围。

只要你手上掌握着有价值的资源，即使你不去找互联网企业，互联网企业都可能来找你，传统企业和互联网企业完全可以站在平等的地位进行商业合作。

也许传统企业在互联网时代转型升级起步稍晚，也许大家会在短跑上输掉比赛，但是只要具备奋起直追、后发先至的优势和底蕴，一样完全可以赢得长跑的冠军。

以网络视频为核心建立起来的乐视生态帝国，号称是有机会冲击BAT之外中国互联网经济第四极的企业，在视频产业链之外先后跨界进入电子商务、智能电视、智能手机、智能汽车等行业。

为了整合供应链、掌控核心技术实现快速放量、品质提升，乐视最终还是选择了与各行业传统优势企业进行合作，以通过整合传统企业的专利技术、供应链、生产制造能力以及运营商渠道、相关人才，降低依靠自身能力去发展供应链、技术研发、生产制造、服务网点必然会丧失的巨大时间成本和机会成本。

例如，在销售平台方面选择了落地传统家电零售行业霸主苏宁云商扩大渠道和服务网点，在智能电视方面选择了巨资入股国内传统彩电巨头 TCL、收购美国彩电龙头之一 ViZio，在智能手机方面选择了全面收购传统手机品牌酷派。

第四章

升维：微创新与颠覆式创新

刘慈欣创作的《三体》三部曲被誉为中国当代最杰出的科幻小说，连续8年荣获中国科幻最高荣誉“银河奖”，改写了亚洲人从来没有获得“雨果奖”的记录。从《三体》小说及《星际穿越》电影中，商业人士看到了商业进化与企业发展之道。

宇宙中任何一个不起眼的文明都会通过技术爆炸来超越自己。黑暗森林中的猎人，一旦发现对方并交手，每个猎人均会迅速发现对方的优势并加以学习，最终与整个宇宙的命运联系在一起，所有的文明都在宇宙中融为一体。

传统经济与新经济的竞争，正如不同维度文明之间的战争，高纬度的新经济总会在未知的角落出现并且快速强大，通过降维打击对低纬度的传统经济造成巨大的冲击甚至是颠覆。但在充满绝望与希望的智慧博弈和激烈战斗之后，传统经济必然通过升维，最终与新经济在竞争中融为一体。

升维是传统企业唯一的出路。传统企业如果作茧自缚，不进行变革和转型，不能学习和掌握互联网技术、价值观和方法论，就肯定没有勇气也没有能力去适应和参与互联网时代的商业竞争，必然被时代所抛弃。

破釜沉舟，顺势而为，才能向死而生。谁先升维，谁先跳脱，谁先超越！

第一节 立体交互增强用户黏性

菲利普·科特勒教授在《营销革命3.0：从产品到顾客，再到人文精神》一书，将营销的演进划分为三个阶段，即“以产品为中心的时代”“以消费者为中心的时代”“以价值观为中心的时代”。

无论营销如何演进，核心理念都是通过最有效的渠道和方法与目标用户建立关系，并通过交换实现价值，而这种渠道和方法，随着社会经济的发展和人们对马斯洛五层次需求的不断追求而变化。

高达4亿多人的“80后”“90后”消费群体快速崛起和成熟，推动中国进入了历史上第三个消费高潮期，企业营销环境纷繁复杂，屌丝化、碎片化、移动化、场景化、情感化、品质化混杂，社交方式多元化，信息渠道多元化，购物渠道多元化，消费者注意力转移越来越快，品牌忠诚度越来越低。

企业必须适应互联网时代的社会变迁和商业变革，充分利用各类移动终端和数字媒体，用互联网技术来发现需求、降低沟通成本，更加重视搜索引擎、网站、论坛、公众号、微信号、域名等网络权益的保护，通过经营大社群、覆盖全入口、打造自媒体、利用大数据，以立体交互方式传达品牌理念，提升用户参与感、认同感、体验感和满足感，增强品牌黏性，建立稳定紧密关系。

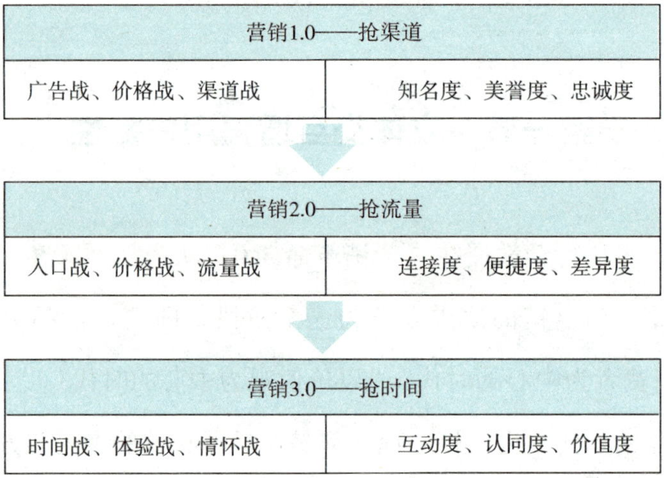

营销1.0——抢渠道	
广告战、价格战、渠道战	知名度、美誉度、忠诚度

营销2.0——抢流量	
入口战、价格战、流量战	连接度、便捷度、差异度

营销3.0——抢时间	
时间战、体验战、情怀战	互动度、认同度、价值度

1. 经营社群

人类自诞生以来就处于群居状态，从原始社会的”部落”，到封建社会的“宗族”，小到费孝通笔下的近代“乡土中国”和现代城镇化的“社区”，大到各种不同的“民族”“国家”，以血缘、地缘、文化为纽带的群体长期占据主导地位，形成了特色鲜明的各种“族群”。

作为群居动物的人类，孤独是一种自然现象，这种被孤独感驱使不得不依附一个人或群体的行为就会产生忠诚。按照马斯洛需求理论，人类在满足低层次的生理需求、安全需求之后，就会追求更高层次的社交需求、尊重需求和自我实现需求，特别需要通过社交进行交流沟通，从而获得认同感、归宿感和满足感。

互联网技术的实时在线、智能手机的广泛普及和移动社交工具的飞速发展，使人类社交突破了时间和空间的限制。血缘关系、时空区隔、身份属性等限制条件不断弱化，社会关系、情感志趣、实时共享等动力因子不断增强。人们可以根据自己的多元需求，自由的创建、加入和管理各种社群，使人类社交突破现实的熟人圈子不断向陌生人群扩张，大大提升了现代人社交的广度、深度和自由度。人和人的实时交互和自由聚合变得无所不在，各种细分社群大爆发，人们生活开始全面走向“社群化”。

这种基于移动互联网社交平台，遵循某种兴趣图谱和社会关系形成的社群，成员之间可以进行深度交互和资源互换，个体的能量和群体智慧可以相互激发。在强化即时通信和社交分享的同时，激发了社群个体的参与度、传播力和创造力，具备强大的平台价值、交互价值、自组织价值、渠道价值，对商品和服务的生产流通流程、品牌营销的理念和方法、人们的行为和消费方式都产生了颠覆性的影响。

查克·布莱默在《互联网营销的本质——点亮社群》一书指出，社群已经成为企业的重要资源，把用户和你联系起来；互联网营销的本质就是用最小的投入准确连接目标顾客，用精彩的创意实现强大的口碑以影响目标群体。

消费行为学表明，具有某种共同价值观和生活方式的消费者在选择品牌时具有趋同性。现实生活中，有相似或者相同爱好的人会组成自己的圈子，互联网使这种圈子的覆盖范围更加广泛、交流更加便捷、互动更加频繁、关系更加紧密、感染更加强烈，这就形成了互联网的社群，特别是微博、微信等移动社交工具的发展推动了社群的快速发展。稳定、具有高凝聚力的社群能够让成员之间产生长期的精神依赖，社群中的消费者一旦形成对某种品牌文化的认同，品牌忠诚度也更加可靠。

社群中人经常会把自己买到好产品后的使用感受和照片发布在各种社交平台上，这种传播方法比起传统的传播方法可信力、传播力更加强劲，找到合适的影响点，在合适的时机影响那些社群中有影响的人，将对品牌增值起到极大地杠杆效应。中国的消费者非常热爱分享自己的购物与商品使用体验，根据格勒调查，41% 的消费者表示，他们曾经在社交媒体上分享购物或是产品信息，而美国仅有 22% 的消费者曾经使用社交媒体分享产品经验。

在排浪式消费已成过去、个性化多样化替代了规模化的互联网时代，消费者面临的不再是稀缺经济或者超市的几个货架，而是互联网上一眼望不到头的产品列表，供应大大增加，消费者甚至面临选择困难的情况下，通过细分社群进行粉丝营销成为打造感性品牌、实现价值创造的重要武器。

粉丝就是高度忠诚的客户，也是企业巨大的财富源泉。美国一项研究表明，客户忠诚度每提高5%，企业的利润就增加25%。一个企业80%的收入来自于20%高忠诚度客户的贡献，其追风式的重复购买行为可以促使产品销量大幅上升。培养一个新客户所需支出的费用是留住一个老客户的6倍，粉丝的存在极大地降低了营销成本。特别是粉丝形成的口碑传播作为免费的广告资源，能为企业创造良好的形象，也为新产品的推广提供了便利。

智能手机新秀小米、自媒体“逻辑思维”正是这种凭借细分社群经营粉丝发展起来的典型代表。小米手机通过论坛聚集志愿者参与开发，让参与者自愿贡献、自愿传播、自愿消费，通过把开发者发展成为粉丝，再把粉丝发展为成朋友，通过极致化的粉丝营销打造“米粉部落”。

社群营销将经典营销理论的关系营销、口碑营销、定制营销、体验营销充分融合，重塑品牌、社群和用户之间的关系，在三者的互动过程中增强用户黏性、打造感性品牌。

创建社群

社群由具有明显且共同的社交属性（如共同爱好、共同偶像、共同家乡、共同职业、共同价值观等）的人聚集而成，搭建社群一定是基于这个群体的某种共同的、高频的强需求，而社群必须要能提供解决这一需求的服务。企业要根据自身的产品和服务，以及品牌的调性和个性，针对性的选择各种社群。

这种社群平台可以由企业自建，但是最好的社群应该是由用户自己来建，企业参与到已有的这些社群里面去，用户自建的社群可以使企业形成更多和用户的接触点，将企业和用户之间的连接时间和次数变得更长，同时用户之间也更容易相互吸引、互相服务。要真正发挥社群的价值，必须做好社群的管理，首先要制定好游戏规则，其次要找到一个好的社群自我管理团队，最后是要保证所有社群成员都能展现自己的风采。

企业要根据自身定位和目标客户群体的特征来判断和选择适合的社交平台，不同的社交平台有着不同的用户群特征，客户群体在哪里，企业就应该在哪里。如果企业实力足够，甚至也可以自己针对某个细分市场，打造一个自己的社交平台，依靠独特的产品和服务实现商业价值。很多企业微博火追微博、微信火搞微信，根本没有一个清晰的思路和一个完整的规划，最终一定是一地鸡毛。

国内的主要社交平台主要有 QQ 空间、腾讯微信、新浪微博、百度贴吧、陌陌、知乎、天涯谈论、豆瓣网、开心网等，国外的主要社交平台有 Facebook 、YouTube、Twitter、Pinterest、VK 等。

这些社交平台和网站，基本都有各自独特之处和细分用户市场，企业根据自身的要求和社交平台的用户特征寻求最佳契合度，来建立自身的细分社群运营平台。

例如，微博跟粉丝的互动性比微信公众号强，而微信比微博又多了那么一点点的私人体验，微博拼的是大 V、拼的是影响力；而微信注重的是生活细节，是萌萌哒的情怀。

微博讲究高大上的新闻，需要博得不特定人的重大关切；微信上的用户则喜欢在朋友圈里转一些最美的风景、心灵鸡汤等。

微博成为公众人物、官方组织发布信息的媒介平台，成为呈现话语权威的传播渠道；微信则成为人际传播和自我传播的新形式，充当着“熟人圈”交流信息、共享生活的小天地。

2015年度社交APP排名

排名	APP名称
1	微信
2	QQ
3	微博
4	陌陌
5	丫丫
6	旺信
7	易信
8	腾讯微博
9	有信
10	人人
11	飞信
12	探探
13	米聊
14	对面
15	碰碰
16	比邻
17	无秘
18	开心网
19	Blued
20	脉脉

聚集粉丝

粉丝是社群生存的根本，有了社群平台，还需要大量的粉丝才有生命力，特别是忠实的粉丝，“僵死粉”则要尽量减少和剔除。粉丝不仅要比数量，更要比质量，五万个酱油粉不如一千个铁杆粉，要特别注意发现和培养意见领袖和核心成员，这些意见领袖和核心成员一般都是企业产品的忠实粉丝，不仅非常喜欢企业产品，而且多次购买，还不断推荐给朋友。

产品吸粉法：产品是最好的宣传媒介，打造极致产品是最好的吸粉方法。互联网时代，产品本身就是最好的连接器。在智能手机普及的今天，如果产品本身不能连网，可以把精心设计的二维码印制在产品上，通过各种手段和方式鼓励用户进行扫码，很多时候用户自己都会主动进行扫码。

内容吸粉法：组织一些有价值的信息或者目标群体感兴趣的软文，发布到各种论坛、门户等平台上，在文章的尾部留下微信号、网站或者论坛等地址。甚至可以利用人类的好奇心在内容尾部加一些让人感兴趣的问题，告知转发即可获取答案。

活动吸粉法：通过各种形式的活动进行吸粉，通过免费体验、抽奖活动、促销活动、线下地推、网络游戏等方法，吸引用户参与，在参与过程中加入社群。

合作吸粉法：跨界合作是互联网时代企业经常用到的营销方式，这种基于满足用户更多需求的营销方法，可以实现合作各方用户的叠加和扩散，企业与企业之间进行跨界合作吸粉，各种社交好友之间可以互推，各种公众号之间可以互推，各种社群可以互推，如多个公众号之间通过图文页面、朋友圈、阅读原文关注、互推中间页来互相推荐。

暴力吸粉法：就是通过各种社交平台，采取主动出击的方式，通过搜索关键字等各种技术手段进行强力吸粉。

持续活动

社群要活跃起来才有意义，死气沉沉的社群没有价值。

一要制造话题促进交流。平时要经常发起一些社群成员都感兴趣的话题来让大家来讨论，鼓励和刺激社群成员之间积极互动和分享，企业也要与粉友们主动对话。

二要线上线下互动。线上活动虽然效率高，但是深度不够，很容易浮在表面，因此要高度重视线下活动，线下一次活动抵得上线上百次，特别是对于现场体验需求比较强烈的产品和服务，线上活动一定要与线下场景结合起来，可以有一些娱乐和交友的互动。

三要推动价值共享。要让用户实时了解在社群活动中自己能够做出什么样的贡献，并将最优秀结果实时告知所有参与者。每个人在社群中都是一个获利者，也是一个贡献者。通过共享和互利，让这个社群变得更加长久。

小米有一本书叫《参与感》，粉丝就是这个参与的力量，小米手机把粉丝发动起来，参与小米手机的设计、制造、传播。据说，小米手机公司的7500名员工中，有5千人的主要工作就是围绕粉丝为粉丝服务，其中直接从事社群管理的就有近百人，其中论坛30人、微博30人、微信30人、百度知道10人、QQ空间5人，每年组织组织发烧友部落开展非常多的地面活动。

2. 抢占入口

自商品经济诞生以来，注意力和人流一直都是企业争夺的焦点，谁能吸引消费者更多的注意力，谁就能成为市场的主宰，控制、吸引注意力也就成为商业价值的源泉和商家必争的资源，从坐商时代的“地段决定价值”，行商时代的“得渠道者得天下”，到工业时代的“谁占据中央台谁就是老大”，再到互联网时代的“得入口者得天下”，都证明了这一点。

随着互联网基础设施的完善、网络媒体和社交媒体的发展，网络成为人们的重要生活空间，用户和企业之间“触点”越来越丰富，人们厌烦了选择、思考、等待，更加喜欢便利、直接、快捷、简单的消费方式，用户消费体验的内涵也发生了根本性的改变。

在互联网时代，消费者越来越依赖网络平台、搜索引擎、社交媒体来进行品牌、产品、价格等基础信息的收集；越来越愿意通过网络评价和推荐来进行品牌和产品的选择；越来越喜欢灵活地按照自己的需要通过多元渠道与品牌进行互动和完成购买；越来越期待企业能提供线上线下全面而一致的质量和服务；越来越热爱通过网络平台分享自己的购物过程与商品使用体验和经验。

互联网经济甚至被直接定义为入口经济，占领了入口，就相当于占领了用户流量，就意味着拥有了用户的注意力。谁拥有了巨大的用户流量及其伴生的大数据，谁就能把握更多的主动权，抢占更大的市场份额，也就意味着巨大的潜在商业价值。

回顾互联网经济发展史可以发现，从互联网的初兴，到PC互联网时代，再到移动互联网时代，“入口之战”不仅没有停歇，甚至是愈演愈烈：从最早的微软和网景争夺上网浏览器，到后来苹果、谷歌争夺操作系统控制权，再到新浪推出微博、腾讯推出微信，百度19亿美元收购91无线、阿里全资收购高德和UC，背后隐藏的都是对用户使用入口的明争暗斗，可以说所有的互联网企业都主动或被动地投身其中。

PC互联网时代的入口主要有信息门户、搜索引擎、导航网站、操作系统、浏览器、电商、社交等。移动互联网时代的入口更宽广、更复杂，既包含传统入口移动化而来的操作系统、搜索、社交、电商、浏览器等，以及包括地图、视频、语音、新闻客户端、手机桌面、打的等在内的超级APP，又包括以智能手机、智能家电、智能手环、路由器等为代表的智能硬件，更有移动互联网带来的独有的应用分发、云端、智慧城市、智慧社区以及地图、电商结合而成的O2O与满足移动设备联网的Wi-Fi。

互联网用户入口经历了一次次的争夺和洗牌，从软件到硬件，再从硬件到软件，反反复复，而任何一个获得巨量用户认可的入口都曾经独领风骚或者成为了互联网经济巨头。单一的入口格局基本早被抢占殆尽并形成了寡头垄断，同时互联网入口也开始从单一化功能向综合化平台演进，推动了互联网企业的大规模并购。

企业应对入口经济、降低入口风险的最好办法，就是打造入口级产品、自己创造入口、让自己成为入口，以入口级产品导入巨量的用户，再以巨额的流量资源寻找和吸引更多的商业伙伴，对用户流量进行变现变现。

但用户在互联网上的行为，无非就是信息、社交、娱乐、购物、搜索等那么几种，不是所有的企业都能进入到这些市场里，更多的企业与这几个方面根本不搭边。当然，这并不影响与用户最近的企业最有希望、最有竞争力的互联网经济原则，企业必须以最快的速度出现在所有潜在用户需要的地方和渠道，并通过文字、图形、声音、影像、行为等各种方式提供最准确的信息和服务。

为此，企业要努力做到网络入口全覆盖、销售渠道全占据，并通过搜索引擎优化来提高在消费者面前的出现率，树立企业形象，提高企业的知名度，快捷、有效、长期地为用户或潜在客户传递信息，提高企业产品被购买的机率。

全网平台发声

既然互联网成为消费者主要的生活场所，那么企业就必须在互联网上建立自己的阵地，网络阵地地址和账号也是企业的无形资产，一个好的网络名称和地址往往蕴含着巨大的商业价值，必须倍加重视，尽快注册并进行认证。

除了网站、论坛、微信、微博、博客、QQ 空间等官方网络平台外，企业还应该在一些综合门户网站、行业门户网站、分类信息平台、垂直行业论坛、知名百科等网络平台上进行全面覆盖，如腾讯系的公众号、兴趣部落、媒体平台、社交群，百度家族的知道、贴吧、百科，政府部门、行业协会或者第三方的如中国企业网、中国黄页网等信息展示平台，这些企业产品用户和潜在用户经常出入和搜索的网络空间都要建立自己的阵地。

通过这些官方阵地，企业可以统一发声，通过权威渠道发布相关信息，及时回复用户的咨询、意见和建议，与目标用户进行情感沟通，近距离了解用户需求并进行服务，完成危机检测、预警和危机公关。

一要组建专业团队。

团队成员应该由相关的多个部门员工组成，必须有较好的文笔，并且有激情和热情乐于参与此项工作，并且要不断进行相关专业知识培训，千万不能给受众造成冰冷的感觉。

二要定期进行信息发布。

用受众喜闻乐见的文字、图片、视频等各种方法，以及具备创意性、可读性、娱乐性、故事性的形式，定时、定量发布一些企业的相关信息，同时紧贴和跟进人们生活中的热点话题，提供资讯、常识、窍门等浏览者感兴趣、有价值的信息。

三要积极主动与用户进行互动交流。

对于用户的提问、投诉、抱怨千万不要掩耳盗铃，而是要用心感受，斟酌措辞进行回复，设身处地为用户和粉丝解决问题，使之真正成为企业与用户沟通、服务的桥梁和平台，时间久了企业与受众之间就会产生一种微妙的情感连接，这些受众甚至会转化为重视粉丝。

最不受受众喜欢的就是企业官方网络平台的“僵尸化”，有些企业对官方网络平台不重视，没有专人去负责，更新不及时、信息不准确、互动不回应、服务不实用，导致访问量极低，甚至引起了用户的极度不满，不仅不能成为企业营销推广的渠道，反而为企业和品牌带来极大的负能量。

四要采取手段进行官方网络平台的推广。

一方面通过促销活动、产品包装、宣传广告、名片、电子邮件等各种方式和媒介将企业官方网络平台告诉公众，另一方面可以利用互联网的自传播手段，通过具有一定激励作用的设计巧妙激发关注着的转发动力，或者通过与其他企业和名人的互动互推来进行推广。

在这些官方网络平台中，官网论坛、官方微博、官方微信公众号的影响力最大，是必须要突出做好的，如果企业论坛、微博、微信公众号做得好，能够成为行业内的领袖，在行业内产生巨大的影响力，就是最好的营销。

官网论坛：企业网站建设的基本流程包括注册域名、租用空间、网站建设、网站推广、网站维护等。网络域名在全世界具有唯一性，域名资源有限，谁先注册谁就有权使用，好的域名有利于企业进行营销推广和塑造形象。

定义域名除了要考虑公司的性质以及信息内容的特征外，还应该使这个名字简洁、易记、具有冲击力。服务器空间的租用一定要考虑网站内容承载的需要，满足用户访问速度的要求，慢吞吞很难打开的网站很难受到用户的喜欢。

网站的整体风格、色彩搭配、模块设定要体现企业和品牌的个性化特征，页面要精美、内容要丰富、结构要人性、信息交互要通畅、更新要及时，现在社会上有大量的专业公司可以把这个事情做好，如果实在舍不得花钱，也可以在网上找一种大众公认的免费的网站程序进行下载和更改。

一些企业不仅做企业官方网站，还做单独的品牌网站。有些企业还在官方网站中建设有单独的论坛模块，而有的企业则选择单独建立品牌论坛，企业可以根据自己的需要进行选择。

官方微博：微博是微型博客的简称，是一种基于单向或双向关注机制的用户关系进行实时信息发布、分享、传播的社交网络平台。用户可以通过连接互联网的电脑、笔记本、手机等各种设备进行浏览和发言，刚开始限于包括标点符号在内的140图文信息，长微博后进行了扩展，但是字数还是比较少。

从2010年开始，企业官方微博忽如一夜春风，席卷从跨国企业、国企、民营到小微企业甚至个体户小店，现在很多企业都开通了自己的官方微博，但是更多的还没有开通。经过市场竞争，现在企业官方微博主要以新浪微博为主，在新浪微博上可以看到，企业微博粉丝数有的多达上千万人、几百万人，其中原因当然与企业的重视程度以及人力、物力、财力的投入有关。

企业微博的官方注册和认证是比较严格的，必须提供包括企业营业执照、法人代表资料以及企业相关公函等材料。除了企业官方微博之外，企业领袖微博、明星员工微博也能在营销推广中发挥积极作用。

官方微信：微信公众平台致力于打造真实、合法、有效的品牌推广平台，注册企业微信一样需要企业营业执照、组织机构代码证、对公账户等资料，公众号信息中的账号名称设置了就不能更改。

微信公众平台提供订阅公众号和服务公众号两种类型。公众平台服务号是旨在为用户提供服务，每页仅可以发送4条群发消息，发给订阅用户（粉丝）的消息会显示在对方的聊天列表中，在发送消息给用户时，用户将收到即时的消息提醒，服务号会在订阅用户（粉丝）的通讯录中，可申请自定义菜单。

而公众平台订阅号则为用户提供信息和资讯，每天可以发送1条群发消息，发给订阅用户（粉丝）的消息，将会显示在对方的订阅号文件夹中，在发送消息给订阅用户（粉丝）时，订阅用户不会收到即时消息提醒，在订阅用户（粉丝）的通讯录中，订阅号将被放入订阅号文件夹中，不支持申请自定义菜单。

微信最强大的功能，在于其提供开发接口，企业可以根据自己的需要进行二次开发，企业官方微信公众号可以通过设置自助问答设置来引导客户加强对自身的了解，解决一些常见问题的回复；可以推动用户将相关信息与微信账号进行绑定，集成会员管理功能并实现互动；可以设置自助查询功能，提供基于商品数据类的查询、甚至通过网络接口实现第三方信息的查询；可以直接开展如寻宝等基于地理位置类的活动、如奖品或者积分等用户互动、推荐类活动；可以提供图片、音乐、语音、游戏等增值类服务。

全面渠道销售

销售渠道就是商品和服务从生产者向消费者转移过程的具体通道或路径。

“营销圣经”《营销管理》作者、现代营销学之父菲利普·科特勒认为，企业首先就是一个营销组织，早期坚定支持4P营销理论，认为企业并不直接面对消费者，所以要注重经销商的培育和销售网络的建立，企业与消费者的联系是通过分销商来进行的。

进入互联网时代后，菲利普·科特勒也非常推崇互联网对市场营销的影响，在其《营销管理》最新的版本中对有关定义进行了修正，互联网公司越来越多地成为营销突破的案例，亚马逊、雅虎和eBay都成为他的研究对象。无论营销理论如何变化，菲利普·科特勒始终坚持一个主张，那就是市场营销必须成为商业活动的中心，它的重点必须是在客户身上。

是什么因素在驱动企业销售渠道和方式不断发生革命性变化，不断催生出新的零售业态？看起来好像是商人的逐利动机，而实质上是古老商业规律中的核心要求。也就是消费者消费过程的便利性、舒适性、尊贵感、体验感、低成本在起基础性作用，其与不断发展的科学技术和生产力引起的生活方式、消费方式、社交方式变化有密切的关系。

销售方式和渠道变革下出现的人流、物流、信息流、资金流变化，完全体现着社会生产方式和生活方式的变化，对应着信息传播媒介和人们沟通方式的重大变化。而每一次销售方式的革命，都是一个增加向消费者赋能与赋权的过程，消费者在产销关系中占据越来越主动的地位。

随着通信技术、电子商务、快递物流、移动支付、地图定位、云计算、大数据、虚拟现实、人工智能的快速发展，前期电子商务与实体零售之间不是你死就是我活的激烈冲突得到了极大的缓解，并且呈现出融合发展的新景象。

这种变化的根本原因，就是为了满足顾客在新时代的多样化需求：一是对产品和服务相关信息发布、传播、展示和广大消费群体评价、反馈的全面渠道搜寻；二是对产品和服务查看、试用、交流、购买等消费体验的全面渠道比较。顾客对整个消费过程的体验不再是以前电子商务疯狂发展时期的价格便宜和方便，而是更加注重线上线下产品品质的一致性、产品购买的随机性、使用体验的便利性、售后服务的及时性。

全面渠道销售的兴起，起源于苏宁云商集团在零售行业的积极探索。他们在初期社会各界一致不看好的情况下坚持不懈才取得成效，现在已经得到了各级政府和互联网经济、传统实体经济的共同认可，并在2015年进入了一个盛年，苏宁也以其综合性先发优势在零售企业中独树一帜、占据领先地位。

无论是苏宁、王府井一样的传统零售企业，还是京东、阿里巴巴等互联网企业；无论是互联网化的海尔等传统企业，还是依托互联网发展起来的乐视等新兴企业，都纷纷走上了全面渠道销售的发展道路。阿里

+苏宁云商+银泰商业+海尔日日顺，腾讯+京东+永辉+1号店构建出中国零售业的双龙争霸之势，也正是建立在互联网平台与实体企业资源的高度整合基础之上。

全面渠道销售，是指企业采取尽可能多的零售渠道类型进行组合和整合（跨渠道）销售的行为，以满足消费者任何时候、任何地点、任何方式购买的需求。

这些渠道类型包括有形店铺和无形店铺，主要有实体渠道、电子商务渠道、移动商务渠道，还有电视购物、视频购物、电话中心、邮件购物、目标购物等。实体渠道类型包括实体自营店、实体加盟店、实体经销店、电子货架、异业联盟等；电子商务渠道类型包括自建官方B2C商城，淘宝、天猫、京东、苏宁、亚马逊等电子商务平台官方旗舰店；移动商务渠道类型包括自建官方手机商城、APP商城、微商城、进驻移动商务平台如微淘店等。

全面渠道销售扩大了销售渠道的广度和深度，推动了企业资源的优化和协同，已经成为无人能够阻挡的历史潮流，也是历史发展的必然，既是企业营销变革的一种必然方向，也是企业满足用户参与感、真实体验感和用户个性定制模式的基本条件。

全面渠道销售的核心是企业能够在所有销售渠道都提供无差别的购物体验，这是一个涉及企业战略设计、资源调配、数据运营、产品布局、供应链重组的重大问题和难题，经过诸多公司的积极探索和实践，路径虽然还不是十分得清晰，但是大量企业的探索经验和教训为我们提供了有益的参考。

首先，要从战略上重视全面渠道建设。

树立全面渠道销售思维，忘掉“电”与“店”的差别，正确认识电子商务渠道和实体渠道之间的关系，着眼于线上、线下的所有渠道类型，尽一切能力满足消费者消费体验，避免漏掉你的顾客，进而漏掉你的销售额和利润额。

网络渠道不是实体渠道的补充，实体渠道也不是没有任何前途，的融合，使双方形成绝佳的互补关系。

完全依靠自主渠道覆盖不了全部消费者，完全依赖第三方渠道更会使企业丧失对市场形势的敏锐感。

要推动传统实体渠道转型，利用直接面对用户、广泛分布的优势进行产品展示、配送、服务和维护，让消费者更多感受到来自于企业的细致关怀和贴心服务。

其次，要大力推进多渠道融合。

必须避免各种渠道之间的零和游戏，破除“线上是电商的，线下是实体零售商”和“线下实体店成为线上试衣间”的认识，在企业销售团队分工和业绩考核上，不能再将线上线下进行完全区分，避免打击任何一方的积极性，线上线下互为引流平台、互为服务平台，线下为线上提供体验场所，推动各种渠道融合发展。

要做好全面渠道销售架构设计，在信息提供、商品展示体验、接受订单、收款、送货、售后服务、反馈处理等基本环节要提供一致消费体验，打通线上线下、自主和第三方用户数据，让用户使用一个 ID 号就可以在所有的渠道内通行，享受积分累计、增值优惠、打折促销、客服等所有服务。

从目前来看，多渠道、多平台数据的对接和统一仍是一个很难克服的问题。

最后，要做好全面渠道销售管理。

要明确企业发展目标和用户策略，深入研究各种渠道类型的宏观环境和微观环境，科学地选择渠道布局，根据企业销售目标确定各种渠道类型的目标顾客、营销定位及产品、价格等策略组合，根据绩效目标构建各种渠道类型的关键流程，整合企业内外重要资源整合进行保障。

推进多渠道、多平台协同开展营销活动，协商好线上线下的盈利分割，是一个需要不断探索优化的问题。

搜索引擎引流

随着互联网的普及及通信技术的快速发展，互联网上承载的信息越来越多，网络用户想到短期内找到自己所需要的资料越来越难，对爆炸式的信息进行分类整理成为迫切需要，搜索引擎在 20 世纪 90 年代应运而生并快速发展，成为网民最基本和最广泛使用的一种网络应用，搜索引擎技术也从最早的人工整理、文本检索发展到了智能整合、精准搜索，越来越准确和适用。

搜索引擎是第二大互联网应用。截至 2016 年 6 月，我国搜索引擎用户规模达 59258 万人，网民使用率为 8.5%；手机搜索引擎用户规模达 52409 万人，手机网民使用率达到 79.8%。大部分网民在有购物需求时、在工作和学习时、在寻找软件应用时、在新闻热点事件发生时都会进行搜索。

随着人工智能技术与搜索算法深度融合，搜索的精准度仍在不断提升，主流搜索引擎的机器识别技术甚至已经能够以较高的成功率探测和识别语音、图像、视频，帮助用户实现所想即所搜、所搜即所得。

搜索引擎成为互联网信息和流量的中心以及连接企业和用户的一座桥梁，使消费者与商业信息之间的关系从传统的被动接受转向了主动搜索，对企业营销产生了深刻的影响和巨大的改变，一方面企业必须在消费者和潜在消费者的“必经之地”——搜索引擎方面进行投入以提升网络流量，另一方面业推动企业的营销推广信息发布更加高效和精准，越来越多的企业选择使用搜索引擎作为重要营销推广方式。

企业在网络上建立自己的官方平台、发布自己的产品信息以及促销信息后，首先要登录各个搜索引擎的站长平台进行登记，然后通过搜索引擎推广使更多的人接触到这些信息。目前市场上主要的搜索引擎有百度、谷歌、搜狗、微软必应、雅虎全能、QQ 搜搜、258 商业搜索、网易有道、新浪爱问、阿里神马、360 等。

竞价排名：市场调查显示，85% 的访问者会在搜索引擎的第一页选择自己所需要的网站，而当企业的网站出现在搜索结果的第三页之后，被访问的机会不超过 4%。

搜索引擎排名有固定排名搜索和竞价排名搜索，固定排名搜索是指在用户进行关键词搜索时，广告客户的网站将出现在关键词搜索结果页面中的固定位置（名次），并按照预先确定的价格支付广告费；而竞价排名搜索则是记录下有效点击次数，并以点击次数为收费依据，也就是按效果付费。

使用竞价排名，只要用户没有进入你的网站，那么你就无须为这种推广付费，有效节约了广告投入，是一种高度优化的资源配置方式。出于成本低廉和效果显著的考虑，并且操作灵活易于管理考评，竞价排名已经成为越来越多企业的首选搜索引擎营销方式。

关键词广告：指显示在搜索结果页面的网站链接广告。它属于CPC（Cost－Per－Click）收费制，即按点击次数收取广告费。简单来说就是当用户利用某一关键词进行检索，在检索结果页面会出现与该关键词相关的广告内容。

由于关键词广告是在特定关键词的检索时，才出现在搜索结果页面的显著位置，所以其针对性非常高，被称为性价比较高的网络推广方式。

搜索引擎优化（SEO）：按照搜索引擎的搜索规则，通过对网站功能和服务、网站栏目结构、网页布局和高质量的网站主题内容以及丰富而有价值的相关性外部链接等网站基本要素的合理设计，增加网站对搜索引擎的友好性，使网站中更多的网页能被搜索引擎收录，同时在搜索引擎中获得较好的排名，从而获得更多的潜在用户。

搜索引擎优化的着眼点不仅考虑搜索引擎的排名规则，而且更多地考虑到如何为用户获取信息以及服务提供方便，此外，细分目标客户群，分析消费者心理，研究他们对关键词的界定，帮助企业在关键词的选择上有的放矢。

当企业网站建设上线后，一方面可以聘请市场上专门提供搜索引擎优化服务的外包公司，另一方面是公司网站维护人员要定期发布新信息，提高网站在搜索引擎上的自然搜索排名。

值得一提的是，即使是企业做了竞价排名，进行搜索引擎优化设计也是不可缺少的。在竞价排名中，企业可以通过设定不同的关键词捕捉到不同类型的的目标访问者。此外，企业应该对搜索引擎推广的的情况进行跟踪统计分析并进行效果评价，并对关键词进行优化。

3. 互动传播

媒体作为传播信息的介质，其形式自古以来就不是一成不变的，媒体与人类的生活生产方式之间存在相互影响、相互促进的关系。以报纸、刊物、广播、电视为主要代表的传统媒体，先后使信息打破了口传、文字、听觉、视觉等感官的束缚，给人们带来更多的视听感受。

最近几十年来，随着信息技术的飞速发展，一种新的媒体形态出现在大家的眼前，并且不断蓬勃发展，越来越受到人们的关注，成为人们议论的热门话题，这就是数字媒体。相对于报刊、户外、广播、电视四大传统意义上的老媒体，数字媒体也被统称为新兴媒体或新媒体。

数字媒体以数字技术、互联网技术、移动通信技术为依托，以数字化的文字、图形、图像、音频、视频、动画等为表现形式，以电脑、手机、数字电视机、车载移动电视、楼宇电视、户外高清电视等为终端，通过互联网、移动互联网、宽带局域网、无线通信网、卫星等渠道进行传播，体现为数字杂志、数字报纸、数字广播、手机媒体、移动电视、互动电视、数字电视、IPTV、桌面视窗、数字电影、触摸媒体、博客、播客等。

数字媒体由于兼具交互性与即时性、海量性与共享性、多媒体与超文本、个性化与社群化、低成本与广覆盖的特征，迎合了互联网时代人们休闲娱乐时间碎片化的需求，充分满足了随时随地个性表达和互动交留的需要，拓宽了信息获取的渠道，缩短了信息传播的距离，增加了信息获取的便利。

更重要的是，与传统的大众传播中信息制造者和发出者推向受众、受众只能被动接受不同，在数字世界的大众传播里，传播者和受众之间能进行实时的通讯和交换，信源和信宿的角色可以随时改变，受众从原来的被动接受转变为主动参与和主动传播。

快速发展的新兴媒体打破了时空的界限，改变了信息的传播方式和渠道，传统媒体日渐式微，互联网新媒体站上了舞台的中央，成为企业最为热衷的推广渠道，企业广告传播的平台从传统媒体向新媒体转移，从单一媒介向组合媒介推广转变。一个新的产品的出现会迅速在互联网上得到传播，使传统口碑效应进一步扩散，用户对产品的体验，都会以病毒式的传播方式被无限放大。

2014 年，万达集团王健林在一次内部研讨会上提出，“明年开始，我们可否试试把传统媒体的推广费用砍掉一半用于互联网营销，没准效果会更好。”2016 年，万达集团正式宣布将广告资源全面转向新媒体，并且投入巨资支持自媒体发展。

海尔集团在 2014 年初就发出一份邮件通知媒体，今后不再向杂志投放广告，并且宣布其硬广业务不再发生。也就是说除了杂志，报纸和电视上的广告也同时取消，整个集团的广告资源转向内文广告和新媒体。海尔集团董事局主席张瑞敏在公司年会上称，对海尔来说，无价值交互平台的交易都不应存在。

根据艾瑞咨询的数据，2014 年我国互联网广告收入同比增长 40%，达到 1540 亿元，比 2010 年增长了 3.73 倍，年均增长 47.48%；搜索关键字、电商广告、品牌图形广告、视频贴片广告分别占据 28.5%、26%、21.2%、8% 的市场份额；百度、阿里巴巴、腾讯、搜狐、360 等 14 加互联网媒体的广告收入之和达到 1210.52 亿元，其中百度的广告收入就达到了中央电视台的两倍多；移动广告占比也大幅增长，逐步超越 PC 端成为主流，百度来自于移动端的搜索营收首次超过了 PC 端。

央视市场研究媒介智讯发布的一则《2015 中国广告花费总结》的报告则显示，2015 年中国广告市场整体跌幅达到 -2.9%，其中，传统媒体跌幅创出 -7.2% 的历史新低，其中报纸下滑了 35.4%，杂志流失了 19.8%，电视损失了 4.6%；与此相反，新兴媒体广告则继续稳健增长，互联网广告花费上升了 22%，影院视频上升了 63.8%，商务楼宇视频也增加了17.1%，唯一表现不佳的是包括公交车视频和出租车视频的交通类视频下降了8.8%。更有数据显示，2015年新媒体广告份额首次超过了传统媒体。

更重要的是，企业依靠一种媒体资源，已经很难获得期望的传播效果，所以最好的办法是整合各种媒体资源，借助用户喜闻乐见的形式与用户沟通，也就是利用互联网技术和平台打造自媒体，从而降低广告传播的成本，提升广告传播的精确性，加强企业与用户的互动，增强了品牌的口碑效应。如何依托互联网平台经营打造出有影响力的自媒体，也成为所有企业关注的焦点。

自媒体的新时代

现在国内自媒体的平台很多，如微信、微博、QQ、今日头条、百度百家、知乎、一点资讯、豆瓣网、天涯网、搜狐、易信、来往等，不同的平台在表达和展示上会有一些差异，如会用到文字、图片、声音、视频等，也各有各的优劣，企业可以根据自己的资源能力、目标用户的特征、公司的实际需要进行选择，也可以从最方便、最常用的平台入手，逐步扩张到所有的自媒体平台。

对于企业来说，自媒体可以是企业自媒体，可以是品牌自媒体，甚至是规格自媒体，也可以是个人自媒体。除了搭建官方自媒体之外，也可以整合资源、发动员工打造其他特色自媒体，形成自媒体矩阵，共同为企业和品牌进行引流和造势。对于互联网企业来说，企业领袖自媒体的作用非常重要，甚至超过了企业官方自媒体的影响力，如阿里巴巴的马云、360 的周鸿祎、乐视的贾跃亭、格力集团的董明珠，等等。

QQ 是 PC 互联网时代的霸主，到现在仍然是使用用户最多的平台，而微信是移动互联网时代全国最大、覆盖最广、用户最多、最强力的自媒体平台。传播受众以强关系的熟人圈和行业圈为主，受众量高，而且大部分是使用移动客户端的新生代，熟人构成的朋友圈之间引导用户阅读的障碍比较小，通过交际圈的重合还能实现多次转发，具备极大的发展潜力，受到目前个人和企业的高度重视，是自媒体人的主战场，也是目前最火热的平台。而且还可以结合微信公众号功能开通各种业务，并不局限于自媒体本身，可以展开商业运作，能够及时和读者进行在线沟通。不太好的地方是腾讯公司对微信公众号的文章发送量进行了限制，相对于其他自媒体平台相对封闭，而且随着公众号越来越多，阅读量有减少的倾向。

新浪博客是 PC 互联网时代个人自媒体运作的主要平台，移动互联网时代转移到新浪微博，也可以说微博是博客的升级版。新浪微博限制加 V 用户，入驻要求也是所有自媒体平台中最严格的。微博具有强大的媒体属性，发消息的数量没有限制，受众群体是弱关系、强兴趣聚集的人群，每天都有成百上千万的用户在微博上吐槽。可口可乐、宝洁、阿迪达斯、杜蕾斯等国际品牌就非常重视与消费者的互动。

百度百家的文章审核通过率较高，并且百度排名还不错。账号不太容易被冻结，文末可以带文本链接和个人联系方式。还有一点比较好的是，可以获取文章广告点击收入。百度百家文章阅读量比较低，很多作者文章的阅读量不超过 10，甚至部分文章零阅读。另外使用百度百家发文章有一点极为不方便，图片无法直接复制，需要一张张的上传插入图片。

今日头条覆盖 4.7 亿用户，拥有头条号 6.5 万个，拥有智能搜索推荐，门槛低，具备超高的人气，单篇文章阅读量甚至能达到几十万，文章通过率相对较高么，而且可以挂广告。

从微信公众号来看，自 2012 年 8 月微信公众号平台上线以来，微信公众号已经突破了 2000 万，抢占微信公众号新媒体阵地迫在眉睫。

优质内容好传播

硅谷精神教父凯文·凯利指出，目光所至，金钱必将追随。中国微博营销教父杜子健曾放言，一个总编胜过 100 个销售代表。

随着媒体技术的发展和终端的多样化，人们被动获取的资讯越来越海量，人们的注意力越来越分散，注意力成为网络上最稀缺的资源。

吸引用户注意力的最有力工具就是内容，内容营销比传统的广告更加重视与消费者的互动和价值交换，增加了故事性、情感性，提供了用户的认同感。眼球经济蓬勃兴起，内容决定影响力，让用户把你的信息作为一项内容搜索出来，正逐步成为商家推广信息的最佳方法。

在人人都是媒体的互联网时代，优质的内容是非常容易产生传播效应的，每个人都会转发和点评感兴趣的东西、觉得有意思的东西，这样就会产生众传效应。为此，首先要做好自媒体定位，然后要在自媒体内容上下功夫。

做自媒体首先要明确定位，要按照企业所在行业和生产产品的属性，确定一个或者几个用户感兴趣的方向。然后沿着这个定位方向组织内容，坚持不懈地一以贯之，最终才能在细分领域做出权威。现在越来越多的人习惯于从一些知名的自媒体平台获取资讯以及进行阅读，自媒体的发展数量也非常多，如微信公众号现在就已经达到了 2000 多万，同时头部效应明显。要在这么多的自媒体中脱颖而出，实行垂直化专业化定位是比较有效的方法。现在市场上比较有名的自媒体，大部分都是专注于某个细分领域的，这个与传统媒体的综合媒体倾向有明显的不同。当然，这个细分定位一定要注重与品牌的结合，要保证有足够多的关注和阅读人群，太小的细分领域对企业来说意义不大。

对于自媒体来说，内容质量才是最终的关键。

增强信息的可读性。

信息的黏度决定传播的力度，决定着信息传播的方向和广度。深受读者喜爱的自媒体文章，不一定是语言多么华丽，但肯定是读者喜欢的腔调，能够切中读者的内心，引起读者的共鸣，可以让读者受益。有时候要适当有点娱乐精神，甚至是自黑，网络时代如果总是“太靠谱”“装正经”效果很难好。

《奇葩说》《金星秀》等脱口秀节目之所以能够快速吸引大批拥趸，明星主持人和奇葩辩手的号召力有一定的作用，但更重要的是因为发动了网友参与调查投票、选取网友关注最多的问题，并用犀利的语言、麻辣的点评表现出来，在大快人心的同时也推动了热烈的讨论和分享。

高度重视原创。

现在社会上大部分的自媒体，文章内容都是抄来抄去，这样的自媒体很难引起人们的主动关注和持续关注，而如果你的文章大部分是原创，是自己实践经验和成果的真实展现和无私分享，而且能够给读者提供独特的价值，反而容易得到读者的认可，他们也会更加期待从你这里得到更多有用的东西，慢慢地他们也就会成为你的铁杆粉丝。

例如，情感色彩浓郁的文章最能激起读者的共鸣，而能够带来快乐情绪的内容又要比带来悲伤情绪的内容表现更好；如发表一些比较专业、有一定深度的内容，能让人学到知识，也很容易被人接受；比如发表一些生活小常识、旅游攻略、职业工作或者人际交往技巧等对人有价值、有帮助的实用性文章，大家在阅读的同时还会乐意转发。

建立内容与产品的联系。

通过在内容中嵌入品牌故事和企业动态，特别是将产品的特点与用户的内心需求以及时代趋势联系起来，将企业的行动告知读者，充分展示企业的实力，证明产品的价值，在无形中推动品牌文化和价值观的传播。

故事营销很重要，包括情怀、梦想、创业的艰辛等，引发共鸣，如万科王石的登山、褚时健的褚橙，都是从产品出发挖掘后面故事的典型代表，大家再热议故事主人公的同时，也就帮助企业和产品做出了宣传。

推广互动要持续

有了定位，有了内容，剩下的就是推广和互动。

在推广方面要两条腿走路，一条腿就是你已有的用户，努力吸引关注和购买产品和服务的人对企业的自媒体感兴趣；另一条腿就要充分利用与企业和产品自身有关的圈子进行推广，如相关的QQ群、论坛、贴吧、微博群、微信群、邮件群发、认证空间、自媒体、问答平台等，也可以在传统媒体、新兴媒体上面花点钱做点广告。

在“网红经济”时代，企业要积极与在企业所在行业和产品相关领域具有一定发言权、拥有大量粉丝、具有较高知名度的公众人物、知名草根、大V等寻求合作，利用这些网络意见领袖的影响力，通过他们将相关信息扩散给受众，形成信息传递的两级传播。也可以与相关的企业合作，进行互推，实现粉丝共享。

自媒体要获得大量传播，实现病毒式营销和口碑营销，必须做好与消费者的互动，必须制造一些消费者感兴趣的话题，让消费者参与甚至是主动谈论和传播。与消费者的互动不但可以了解消费者对于产品以及品牌的意见和心理，还能鼓励消费者关注品牌，拉近与消费者的距离，使消费者更容易接受品牌的理念。这种互动，不能仅仅只停留在网络平台上，最好能够与线下的活动结合起来，把互动引向线下，进一步提升消费者的参与深度和消费欲望。

4. 精准推介

互联网经济环境下，企业必须对用户、市场进行深入、细致地了解和分析，对消费者的兴趣爱好、行为习惯等特征有很好的把握，真正弄明白用户的消费需求和潜在需求。

过去企业要精准地做到这些，单纯靠人力根本不太可能。但是凭借云计算、大数据技术的帮助，我们现在可以对成千上万的互联网用户每天的行为轨迹进行跟踪、统计、分析，从而挖掘用户行为数据背后隐藏的巨大商业价值。

企业如何驾驭数据使之为己所用，利用大数据洞察消费者行为变化、行业趋势，是形成差异化竞争优势的关键所在。新一代的互联网企业能够凭借新模式与技术更贴近消费者，并能够理解消费者需求，对各种信息进行有效分析与预判，而传统企业如果不能及时做出反应，顺应时代大势，衰落和出局必然难以避免。

大数据在营销方面的应用主要体现为精准推介。精准推介也可以叫做精准营销，即在精准定位的基础上，依托现代信息技术手段建立个性化的顾客沟通服务体系，实现企业可度量的低成本扩张之路。

通过互联网技术掌握用户在互联网上的浏览、分享、购买等海量行为数据的监测、采集、筛选和分析，可以对消费者的消费行为、消费习惯与消费心理有一定的了解，从中分析出用户的喜好，并获悉其消费预期以及潜在的消费需求，进行消费者画像，甚至做到“比用户更了解用户”。

企业在产品生产之前就了解潜在用户的主要特征以及他们对产品的期待，能提前知道市场竞争对手情况，更加明确地知道自己的目标用户并精准地进行产品定位，也为精准推介提供了可能，化解了消费者对商业信息的抵触情绪，避免了盲目的广告和推销，使企业能够更加精准地将营销信息推动给自己的目标用户，还能进行品牌危机监测报警并提供管理支持，为企业发现新市场、客户细分管理、改善用户体验、进行市场预测和决策提供帮助。

2014 年底中国传媒大学国家广告研究院发布的《2014 中美移动互联网发展报告》以及 2015 年初腾讯在测试朋友圈广告投放之前发布的《朋友圈广告用户研究报告》共同显示出，用户最在意进入他们视野的广告是否跟自身有相关性。如果有相关性，那么用户就乐意接受；如果不相关，不管什么样的广告都会成为一种打扰。

也就是说，只要基于大数据的推送广告在精准度做到了跟“用户相关”，用户是持友好态度的，至少不讨厌、不反感，甚至是喜欢的，而且可以赢得用户的回应。这种回应可能是购买意愿，也可能是实际的购买行为。

这是因为用户对这种“与自身相关”的精准营销类广告是有需求的。这些广告减少了对用户的打扰，并且让用户费劲心思对比或货比三家后才购买的决策过程缩短，节省了时间，让用户直接找到对自己有用或有需求的产品或服务。

随着智能手机的普及，已经出现20多年的二维码重新焕发了青春，成为了移动互联网时代最好的连接器，成为传统企业通过产品实现与用户连接互动的超级武器。

以广西天海信息科技公司开发的二维码应用系统为例。该公司通过在传统的产品包装上印刷二维码，搭建起融合用户管理、积分兑换、促销推广、防伪溯源、全景展示、圈地引流、双线互动、增值服务为一体的互联网平台，以产品为媒介实现了企业与用户的直接连接，取得了核心消费者的关键数据。再结合网络爬虫、数据共享、第三方购买等其他渠道得来的数据，可以对消费者进行精准画像，比用户自己还了解用户，并以此为基础开展精准推介工作，使促销信息和实惠直达用户，使企业从大众的、粗放的传统营销模式中跳脱出来，演化为深度的、细分的、精确化的模式。

目标用户要找准

精准推介工作的关键在精，核心在准。精准推介类营销广告要取得期望的效果，不引起用户的反感，前提条件就是最大限度地做到与用户相关甚至是与其需求精准匹配。

如此，用户数据掌握得越多，就越能提高用户跟产品之间的相关性，越相关就越能接近需求，广告推送起来也就越接近精准。反过来，要追求精准，那么对于用户核心信息、动机、隐秘行为等信息的需求就更强烈，利用这些核心信息才能最大限度分析出用户需求。

过去企业主要通过发广告、朋友关系介绍等渠道来获得客户，而在互联网时代，精准寻找客户主要通过网络手段来实现。

第一种建立在企业自身用户信息系统基础之上，一方面是企业用户数据库中的原有老客户，另一方面是主动寻找来的一些新用户，如浏览公司官方网站、QQ、微信、微博、网上商城、网上旗舰店等各种网络平台的用户，参与公司相关调查活动的用户。

第二种是是来自于第三方平台的用户，就是通过搜索、QQ、微信、微博等各种平台提供的公司产品用户，甚至是竞争对手的相关用户。

第三种，就是现在社会上已经有大量的专业大数据精准营销公司，通过他们已有的用户数据库来寻找目标用户。

企业首先要根据自身产品和服务定位进行目标客户群识别，这是精准推介的前提和基础。以这个用户群定义为依据，找到所定义用户群的独特数据特征，确定用户数据特征与产品和服务之间的匹配关系，为此需要依靠数据挖掘技术找到关联数据并建立识别模型，有时候还需要建立多个识别模型。

用户群的基本属性特征数据包括年龄、性别、所在区域、活动范围、教育程度、转发行为、点赞行为、兴趣信息，以及用户群在各种网络平台上经常主动发布的内容，通过这些内容中蕴含的关键词分析梳理出兴趣和偏好信息、性格特点、所属圈子等。

当基于用户需求去推送信息时，用户的接受度是最大化的，精准营销的效果自然也是最大化的。当推送的广告信息接近甚至完全满足人们的内在需求时，人们可能会喜爱、依赖甚至信任这类广告，并且会根据这些推送做出购买决策或购买行为。

增值服务强关系

大家都知道营销领域的一条黄金法则："开发十个新客户，不如维护一个老客户。"

西方营销专家的研究和企业的经验表明：发展一个新客户的成本是挽留一个老客户的 3 ~ 10 倍；老客户的忠诚度下降 5%，企业利润率下降 25%；20% 的老客户带来 80% 的利润；老客户舍弃一个品牌，45% 的客户是因为你的服务他不满意，20% 的原因是没人关心他们，或者有需要找不到我们。

由此可见，对于一家企业、一个品牌、一种产品来说，服务好老客户、留住老客户是多么的重要。而互联网技术的发展，则为留住老客户、服务老客户提供了良好的条件。

在信息化时代，很多企业都建立了会员管理系统和客户关系管理系统，但是其数据是传统的、关系是单向的、信息是老化的，依托于移动互联网、云计算、大数据的新的用户管理体系，能够比较好地解决这些问题。

首先，可以做好用户管理，保证用户资料的准确性，实现对用户的生命周期管理，随时观察用户的消费行为，将有限的资源投入到真正忠实的用户群体。

其次，可以为用户提供个性化营销，利用信息系统，对历史数据进行全面分析，了解顾客的个性，按照用户在一定期间内的消费次数和消费总额两个维度进行分类，对不同类型的用户采取不同的市场营销策略。

最后，可以为用户提供个性化增值服务，将用户管理和赠券促销等工作结合起来，实现促销信息的精准直达，真正把优惠直接送达真实用户手中，甚至还能从用户信息的大量积累中提取有价值的情报，洞悉消费变化规律，想在顾客前面，做到用户心里，采取点对点的关怀行动，让用户感受到企业的用心。

用户隐私必尊重

精准推介是以消费者的数据为基础的，而这些数据实际上属于消费者的隐私。隐私和精准却又是一个难以调和的矛盾，而且是精准推介不可回避的问题。

为了解决这个矛盾，大多数互联网企业采取的办法，就是在用户使用和注册相关程序、应用、平台时设置一些相关信息和隐私是否公开的选择项提供给用户，确定用户是否允许平台企业和第三方向用户进行推介，并且原始默认设置为同意。有时候一些企业列明推介的具体分类让用户自己选择，从而避免法律纠纷问题和打扰用户问题。

其实，如果广告推送真的做到了精准，做到了满足用户内在需求，那么用户或许可以接受或不在乎自身隐私信息被利用。怕就怕企业做不到真正的精准，经常给用户推送无关的垃圾信息，那么用户就会真的在乎私密信息的泄露了，因为厌烦会导致愤怒，对企业和品牌产生反感情绪，那就得不偿失了。

第二节　个性智造提高产品体验

产品是企业利润的来源，也是品牌的根基。产品创新是一个企业的生存所在，比企业的生产能力重要得多。没有夕阳产业，只有夕阳产品，即使是最传统的产品，如果插上互联网的翅膀，同样也将创造出更加辉煌的业绩。

互联网无边界、去中心的开放性形成了用户主权，商品供应量大大增加、商品的展示平台多种多样激活了个性需求，对传统的价值创造、价值传递模式产生了剧烈的冲击和影响，传统的“城堡式”“封闭式”产品开发以及大规模、大批量的生产制造正在土崩瓦解。

用户希望参与产品的整个生命周期，希望拥有自身个性的定制产品，希望能够获得超越期望的极致体验。要做到这些必须建立智能制造系统，充分采用众创、众包、众筹、共享、定制等新理念和新形态，扩大组织边界，提升创新效率，增强生产敏感，才能最大限度地适应急剧变化的市场环境以及不断变化的用户消费需求。

1. 众创共享

协作、分享已经成为当今社会经济发展的主旋律之一。利用互联网技术和平台，积极发展众创、众筹、分享等新模式，使企业生产经营的边界向外扩展，利用一切可以利用的智慧，扩大组织边界，充分汇聚外部资源，提升创新效率，降低创新成本，有利于促进生产与需求的对接、传统产业与新兴产业的融合，有利于开辟众人创富、劳动致富、共同富裕的发展新路径，对实现新常态下新旧动能的转换具有重大意义。

研发众包

由于技术、人才、设备等多方因素的约束，一般中小企业甚至大型企业都无法长期负担高昂的创新成本，传统的外包模式一度成为企业通过外部资源来优化再造企业内部流程、加快经营发展的重要手段。但是这种模式通常是企业通过熟人介绍建立起来一种较为固定的点对点关系，具有一定专业局限性，成本也较为高昂。

在互联网时代，知识的更新速度不断加快，每个连接互联网的个体都具有无可预知的才能，每个个体都可能具备创新性地解决企业面临的某些问题的能力，推动企业将创新活动向外部延展，拓展自己的创新边界，众包模式应运而生并快速发展。

众包（Crowdsourcing），是指把传统上由企业或机构内部员工承担和执行的工作，通过互联网以自由自愿的形式转交给企业外部的非特定大众群体来完成，企业只需为这些外部的大众群体支付少量报酬甚至是完全免费。也就是说，众包可以看出大众作为知识的提供者，来实现由外向内的，外部的支持向内部支持流动的一种产品研发方式。众包模式包含众包研发、众包创意、众包测试、众包服务、众包物流等。

众包这一概念实际上是源于对企业创新模式的反思，是一种分布式的解决方案和生产模式，由美国《连线》杂志的记者杰夫·豪（Jeff-Howe）2006 年 6 月发表的《众包的崛起》文章引起。

众包模式具有信息公开透明、大众参与感增强、组织管理灵活的特点，将企业或者个人的需求直接投放到大众网络来解决问题，将对外合作的方式升级到点对面的形式，推动社会各类创新资源和创新要素的优化配置与共享，促进多方有能力的企业或个人之间在多项业务上开展跨地区、跨行业的协同创新，扩大了企业边界，为企业的创新发展提供了强劲动力；同时降低了创新的成本，成为“互联网 +”时代背景下生产与生活各领域创业、创新活力的重要来源。

国务院于 2015 年 9 月印发了《关于加快构建大众创业万众创新支撑平台的指导意见》，提出以众智促创新、以众包促变革、以众扶促创业、以众筹促融资等重大发展方向和十七条重点举措，在研发创意、制造运维、知识内容、生活服务四个领域积极推广众包模式，进一步激发了全社会的创业创新活力。

从国际上来看，众包模式带来了一种全新的模式，引领着各行各业的全新发展，对一些产业产生了颠覆性的影响，其中诞生了无数优秀的行业应用案例。一个跨国公司耗费几十亿美元也无法解决的研发难题，被一个外行人在两周的时间内圆满完成；过去要数百美元一张的专业水准图片，现在只要一美元就可以买到。

从国内来看，众包模式的发展与推广在促进“大众创业，万众创新”的同时，也为传统的生产与生活模式带来了深刻的影响与变革；在研发、物流、翻译、调研等领域悄然地颠覆着传统发展模式和产业结构，出现了各种众包平台以及众包模式实践案例。

维基百科在全球前50大网站中排名第五，并且是唯一一家非营利性机构运营的网站。与其他商业网站相比，维基百科月均页面浏览量达到190亿次，而网站的运营预算费用却远低于其他网站，这是因为其内容几乎完全来自用户进行的价值创造，而且不产生任何直接成本。

中国的猪八戒网曾经就号称自己有700万员工，其实就是猪八戒网作为一个众包平台，将相关任务分发出去，所有的网络成员都可以参与其中。

海尔集团在帝樽和天樽系列空调的研发过程中，前期通过互联网平台与数十万用户实时互动，提取用户对产品的共性需求，然后利用众包平台对接全球超过100万个领域专家和上千家全球一流的研发机构，产品推出后便广受市场好评。

小米科技公司通过众包平台发动用户参与MIUI开发，将海量“粉丝”意见引入研发体系并最终由100个工程师进行技术实现，这种由“粉丝”决定手机操作系统改进决策的众包模式大幅加快了产品迭代完善的速度。

项目众筹

众筹（Crowdfunding）是指利用互联网和 SNS 传播的特性，通过网络平台连结起赞助者与提案者，让组织或者个人对公众展示他们的创意，争取大家的关注和支持，并用“团购 + 预购”的形式向大众或群众募集项目资金。

众筹是一种新型的筹资方式，摧毁了金融上的等级制度，具有低门槛、多样性、依靠大众力量、注重创意的特征。相对于传统的融资方式，众筹更为开放，能否获得资金也不再是由项目的商业价值作为唯一标准，只要是网友喜欢的项目。

众筹的兴起源于 2009 年的美国网站 Kickstarter，该网站通过搭建网络平台面对公众筹资，让有创造力的人可能获得他们所需要的资金，以便使他们的梦想有可能实现。这种模式的兴起打破了传统的融资模式，每一位普通人都可以通过该种众筹模式获得从事某项创作或活动的资金，使得融资的来源者不再局限于风投等机构，而可以来源于大众。

2014 年是我国众筹的起步之年，在这一年 5 月召开了首届众筹峰会，在各大电子商务龙头企业引领下，实物众筹规模迅速扩大。如今在淘宝、京东、苏宁等电商平台上，都有专门的众筹平台，专门为一些创意产品展开众筹，覆盖了消费电子、艺术出版、影视娱乐等多个创意领域。甚至房地产行业的碧桂园也于 2015 年和中国平安联合在上海嘉定房地产项目上以“一平方米”为众筹单位进行了试水。

在淘宝众筹平台上，众筹的产品分为科技、农业、动漫、公益、影视等几大类。支付宝一款众筹的支付手表，距离众筹到期日还有50多天，资金达成率已经是283%。一款外观极其简洁的折叠电动车，也是大大超过众筹目标。

自2015年以来，众筹在我国得到了广泛的应用、实现了爆发式增长，还出现了不少奇葩的众筹。例如，男女分手后生子众筹抚养费，人大毕业生众筹学费上哈佛，洛阳女孩众筹过生日。如果说众筹抚养费和学费令人匪夷所思的话，那么众筹过生日实际上就使一场利用众筹来进行项目宣传的好戏。

2015年7月21日一位洛阳女孩，在众筹官网上发起了众筹，众筹的目的是为自己过生日，办一个生日Party，资金并不多，需3000元，当您了解了这些感觉现在的人是不是太无聊了。其实不然，这个女孩是位创业者目前在郑州做一个旅社，为一些有梦想的人，出差、旅行的人提供一些方便。众筹回报当然就是体验旅社的构建设施，服务娱乐，休闲交友活动等。在这个众筹的过程中，她获得了资金帮助，与粉丝进行了互动，更重要的是对其创业旅社做了口碑营销。

目前主要的众筹模式有产品众筹、股权众筹、捐赠众筹等，其中产品众筹模式最成熟，应用也最广泛。产品众筹是指投资人将资金投给筹款人用以开发某种产品（或服务），待该产品（或服务）开始对外销售或已经具备对外销售的条件的情况下，筹款人按照约定将开发的产品（或服务）无偿或低于成本的方式提供给投资人的一种众筹方式。

通过产品众筹，不仅能够为企业快速筹集开发和生产产品所需要的资金和实现预售，实现了人气和粉丝的提前聚集。更重要的是通过众筹过程中与目标顾客的多次信息交流和往来逐步把握住目标顾客还不能清晰阐述的潜在需求，有针对性地逐步修改新产品设计。其本质上是对商业逻辑的一种颠覆，也就是将传统的价值链颠倒过来，客户成为第一个环节，后面的各个环节均以客户需要来驱使，以此建立起以顾客为中心的服务性思维。

这是因为产品众筹提供了从客户端到商务端的信息反馈机制，商业逻辑的起点是顾客，然后转向完全针对顾客的需求来设计产品，关注客户的需求和关心的问题，去发现可能的产品设计方案，力争用这些方案来最大限度地满足目标客户的需求并有效地解决客户所关心的问题。

如此，要做好一个产品众筹，首先要做好众筹方案。必须通过简单的文案，把你的意思以用户喜欢的方式完整的传达给用户：我是谁，我要做一件什么事，我需要什么样的支持，众筹参与者能获得什么回报，中间存在哪些风险，文案中通过场景进行切入讲好产品的故事，增加吸引力。其次要做好运营推广，在各大众筹平台上进行推广宣传，或者找一些知名度很高的人为产品做推荐。还要做好后期项目的运营，比如项目上线后与用户的沟通，众筹结束之后的信息反馈渠道建设，以及交付成品后的社群运营等。

消费共享

应该说，共享的概念早已有之。在传统社会，朋友之间借书或共享一条信息、包括邻里之间互借东西，都是一种共享的形式。但这种共享受制于空间、关系两大要素。一方面，信息或实物的共享要受制于空间的限制，仅限于个人所能触达的空间之内；另一方面，共享需要有双方的信任关系才能达成。在“互联网+”时代，建立在这种共享基础之上的产品消费新模式、新形态即为分享经济。

狭义的分享经济主要指把个人闲置或者没有被充分利用的实物资源分享出来，供那些需要的人有偿使用，广义的分享经济还包括知识技能、劳动力和生产能力等服务分享。分享经济的本质是产品和服务所有权与使用权的分离，整合线下的闲散物品或服务者，在保持所有权不变的前提下，通过使用权的短期内过渡，让他们以较低的价格提供产品或服务，其关键在于如何实现最优匹配，实现零边际成本，解决技术和制度问题。对于供给方来说，通过在特定时间内让渡物品的使用权或提供服务，来获得一定的金钱回报。对需求方而言，不直接拥有物品的所有权，而是通过租、借等共享的方式使用物品。

随着世界经济的发展，全球各大主要消费品行业都出现了产能过剩问题，而随着互联网Web 2.0时代的到来，现代人在认知上出现了双倍盈余，这些盈余通过互联网中介的手段可以实现分享和传导，为分享经济的出现提供了坚实的物质基础和技术基础。而世界经济持续低迷的状态和对自然资源的过度开发，世界各国都对高效资源利用、提升社会运行效率提出了更高的要求，为分享经济的发展提供了政策支撑和发展空间。

从目前的发展来看，当前共享消费主要发生在汽车、空间、金融、知识、公共资源等领域。

共享交通是共享经济在全球范围影响最广、争议最多的一个领域，主要有共享租车、共享驾乘、共享自行车、共享停车位四种类型，国外Uber、Airbnb，国内的滴滴、快的，指数级提升了交通闲置资源的利用率。

共享空间主要包括共享住宿空间、共享宠物空间及共享办公场所空间三种产品形态，主要采取高频次短租方式。

共享金融即通过互联网平台快速高效搜寻和撮合资金的供需方，加快资金的周转速度，最大程度发挥了资金的使用价值，主要代表是P2P网贷。

共享美食的重点不在于帮人们解决吃饭或做饭问题，而是营造一种文化交流的平台，如爱大厨、好厨师、烧饭饭等应用软件。

共享医疗就是利用互联网技术，实现全国甚至全球医疗医生资源，使得患者突破地域限制，得到最好最合适的医疗方案，节省患者的时间和精力，推动医生资源突破所在医院的限制，如医生集团、阿里健康等。

共享公共资源主要体现为免费Wifi，国家公开基础数据资源等。共享知识通过互联网的方式，打破了空间的限制，使存在于每个人头脑中的知识发挥出更大的价值，如知乎、在行。

总之，分享经济盘活了个人的闲置资源，极大提高了各种资源的利用率，降低了产品和服务获取和使用的成本，提升了供给方的收益水平，激发了众包众创的活力，因而受到广泛关注并以惊人的发展速度在成长，对宏观经济、相关产业和消费方式产生了深刻影响，催生了Uber出行、Airbnb租房、WeWork办公、滴滴打车、知乎网、分答网、小猪短租等分享经济大型平台企业。

根据有关报告，2015年中国分享经济市场规模达到19560亿元，分享经济领域参与提供服务者约5000万人，约占劳动人口总数的5.5%。

市场中的任何一家企业都要深入思考自己的产品是否适合分享经济，深入思考自己的产品是否可以通过众创众包来实现，更重要的是要深入思考自己所在行业和自己提供的产品和服务是否会因分享经济的发展而产生重大变革，从而尽早的做出应对。

例如，现在已经有人开始讨论，未来大部分个人不再需要单独购买汽车，汽车生产商也不再主要依靠一次性出售汽车来盈利。未来汽车的消费方式将转变为个人向运营企业支付服务费来获得特定时间内的使用权利。

2016年6月，知识分享平台“在行 & 分答”估值超过1亿美金，获得元璟资本与红杉资本中国基金2500万美元A轮投资，王思聪的普思资本与罗辑思维也参与跟投。其中，“在行”上线一年，超过10000名行家入驻，日交易800次，平均客单价为400元；“分答”出生仅40余天，就有1000万用户体验了产品，积累了33万的答主，其中医学领域答主 5028 人、教育领域答主 4366 人、职场导师 3371 人、科研科普工作者 1881 人，生产了 50 万条问答内容，付费用户 100 万，交易金额超过 1800 万，复购率达到 43%。

2. 用户定制

2013 年 12 月 19 日，由冯小刚导演，葛优、白百何、李小璐、郑恺联袂主演，范伟 、宋丹丹、李诚儒、王宝强、成龙等参演的喜剧电影《私人订制》隆重上映。在这部电影中，愿望规划师杨重（葛优饰）、情境设计师小白（白百何饰）、梦境重建师小璐（李小璐饰）与心灵麻醉师马青（郑恺饰）四人组成的公司“私人订制”，以“替他人圆梦”作为自身业务，专门为不同客户量身订制“圆梦方案”，无论客户的白日梦多奇葩、要求多严格，“圆梦四人组”统统来者不拒、绞尽脑汁，甚至为了甘愿满足客户需求而委屈自己，正如同“私人订制”公司的口号——“成全别人，恶心自己”。

虽然电影通过包括范伟、宋丹丹等多个演员的台词“私人订制就是白日梦”来告诉我们要面对现实，但是仍然在国内掀起了一股“私人定制”的热潮。《私人订制》之所以能在短短时间之内风靡全国，主要是因为其集中体现了互联网时代的用户主权和个性需求，体现了互联网时代用户定制产品的潮流趋势。

2014 年，美国网络视频服务商 Netflix 公司拍摄的《纸牌屋》在《私人订制》基础上再掀风暴，特别是在白领、精英、文化阶层引起了强烈反响。这部《纸牌屋》，民间看的是神秘党争，政界看的是权谋制衡，商界看的是利益渗透，时尚界看的是顶级低调的奢华，IT 科技界看的是大数据的话……这部史上首部打入美国艾美奖争霸战的网络原创剧，已经成为商学院的经典案例。传媒影视文化产业从中看到的，却是一个"用户定制内容时代"的开始。用户的希望，"激励"了剧本的内容生成，调整了剧中人物的情节走向甚至生死……这种边改边拍模式，最终成就了《纸牌屋》的威名。

互联网时代，随着"80 后""90 后"等群体成为市场消费主流，其消费需求愈加个性化、碎片化，消费主权意识浓厚。他们不再满足于让企业来设计产品而自己被动的接受，更希望参与到产品的设计和生产过程中；希望把自己的想法和理念灌输给企业，让企业根据自己的需求来开发并生产自己需要的个性化产品。随着个性化定制需求的凸显，中国企业业个性化定制开始兴起，最终在影视媒体行业的推波助澜下，用户个性定制开始蔚然成风。

事实上，产品的个性化定制并非新鲜事物。早在 20 世纪 80 年代，很多企业就已经开始大规模产品定制，根据用户的需求定制服饰、饰品、家具等。但由于当时条件所限，很多定制只能针对个人或小批量生产。而如今，随着互联网应用的日趋成熟，企业能通过网络直接的面对客户，了解客户并反馈客户需求，为大批量个性化定制的真正实现提供了条件。特别是正在快速发展 3D 打印，更是为用户个性定制的未来提供了更加广阔的想象空间。

用户个性定制结合规模化生产的低成本优势和定制带来的高附加值，在给企业提供新的发展机遇的同时，也对企业运营提出了严峻的挑战。如何解决个性化定制下多品种、小批量的高成本与标准化大生产下少品种、大批量的低成本之间的矛盾成为一个新的课题。

用户个性定制以 C 端为源点，要求 M 端必须具备互联网时代的生产能力，用户个性定制的关键就在于打造一个能够真正生产个性化需求且高效率运作的 M 端。

家电、服装、家具、家纺行业的一些龙头企业纷纷采取用户定制模式，在低迷的消费市场创造出许多逆势增长的案例。手机行业的奇酷在加入 360 阵营之后，也以“用户推荐 + 开发者报名”方式在 360 助手及 360 移动开放平台中对软件进行投票排名，从中挑选出最受欢迎的软件免费进入预装梯队并支持一键卸载，针对不同用户特质考虑在初装界面设置用户个性化推荐栏目。

构建模块供选择

实现用户个性定制的前提是标准化，标准化的体现形式就是产品构成的模块化。

构建产品模块，是为了向用户提供可个性定制的项目选择，目的是为了将用户个性化需求转化为标准化模块。企业必须推进通用化、模块化设计，以产品构件的模块化作为个性化定制的基础，产品的细分模块越多，个性化定制的元素就越多，最终产品的个性组合也越多。按照“部件即产品”的新理念，实现产品子模块的无限细分和最终产品的无限组合。

服装领域的青岛红领集团基于长期经营中积累自主研发出个性化定制平台——C2M，通过“客户交互系统”和“自主研发系统”，通过客户身体19个部位、22个关键数据，以不高于非定制西装1.1倍的价格，7个工作日之后就能收到所定制的衣服，超越了简单的定制或半定制，从而形成了“一人一款”的专属定制。家居行业的尚品宅配根据顾客的身材和喜好进行从款式设计到构造尺寸的全方位个性定制。

家电行业的海尔拥有由11个通用模块和4个个性模块组成的200多种用户柔性定制方案，满足用户多样化的个性化定制需求，可以自由选择空调的颜色、款式、性能、结构等，而且用户还可以随时关注产品生产动态。

打造平台好联线

实现用户个性定制，必须有一套非常严谨的信息化系统做支撑。这些信息系统必须涵盖整个产业链，满足用户从产品定制、交易、支付、设计、制作工艺、生产流程、后处理到物流配送、售后服务全过程的数据化驱动跟踪和网络化运作。

企业在企业内部完成信息化、自动化、数据化的同时，还需要整个供应链的支撑，从原料、研发、制造、销售、服务诸多环节的强大供应链体系作为基础，如果供应链体系跟不上，企业必须实行垂直一体化整合来提供支撑。

更重要的是实现内部信息化系统和外部互联网系统的打通，在对外的企业网站、品牌网站、品牌论坛、公众号、APP、电商旗舰店等互联网系统上开发设计用户定制模块，这些模块要与企业内部的 ERP、MES、CRM、PDM 等信息化系统通过网络接口实现了信息对接和数据互换。

海尔集团通过用户定制流程的可视化，带给用户一种全新的产品选购体验：一位远在外地工作的“80 后”小伙，因担心家中空气质量问题为家中的父母定制了一台可除甲醛的海尔空调。完成定制订单后，这个“80 后”小伙可通过移动终端实时查看自己定制的空调生产进程，如生产到了哪个工位、工位的具体负责人是谁、下一个工序是什么，或预计生产完成时间，以方便家中的老人可以在第一时间收到这台空调。

中国定制衣柜第一品牌索菲亚提出“定制家，索菲亚”概念，就是基于其信息化系统和柔性生产线的支撑。从需求、设计、计划、采购、生产到交货、结算的整个过程，全部在 ERP 平台上实现；引入亚洲第一条、世界上生产能力最大的柔性家具生产线，在保持原有批量化生产效率的同时完成定制化的自动调整，并保持已有的品质控制，更重要的是实现了“非标组件”与标准组件的价格统一。

重构流程做支撑

用户定制的实现，柔性生产模式是基础。企业要按照定制生产的要求来规划生产工艺技术体系，重构生产流程，要把互联网、物联网等信息技术融入到生产设备和工艺流程之中。通过设备的智能化，减少每个工序的加工时间，降低对人工技能的要求，提高生产线的整体效率，从而在一条流水线上制造出灵活多变的个性化产品。

青岛红领集团按照定制生产的需要，重新整合构建了生产流程，这个生产流程包含20多个子系统，并且全部以数据来驱动运营，生产线采用了一种柔性的成衣制造系统。该系统将传统生产线与信息化技术进行了结合与创新，将批量生产线重新编程、组合，实现了同一产品的不同型号、不同款式及不同面料的转换，创造出流水线上灵活的数据、规格、元素搭配模式。

3. 聚焦爆品

《连线》杂志主编克里斯·安德森提出的长尾经济，描述了从面向大量用户销售少数拳头产品，到销售庞大数量的利基产品的转变，更多地适用于淘宝、亚马逊、Netflix之类的平台商业企业。对于制造企业来说，借鉴意义主要在于建立产品金字塔结构，以少量多样、层次丰富、特色突出的产品体系满足市场个性化需求。

商品经济就是注意力经济，只有明星产品和超级爆品才容易获得更多人的关注和购买。无论是传统经济时代，还是互联网经济时代，突出打造明星产品和超级爆品，都是企业应对市场竞争的重要武器。无论是实体产品还是虚拟产品，都有非常成功的案例。这些企业大部分也充分利用明星产品、超级爆品的轰动效应和影响力，拉动旗下其他多种产品的销售，甚至某些企业、某个品牌、某个歌星在整个生命周期之中还是始终只有一款明星产品和超级爆品。诺基亚、摩托罗拉、宝洁等知名企业都曾经打造过数不胜数的爆款产品，诺基亚最鼎盛的手机时代是在2003年，它的“诺基亚1100”在全球已累计销售2亿台。

进入“互联网+”时代，依托协同创新、平行开发、电子商务和新媒体，打造超级爆品变得更加容易。传统经济时代，一个产品要成为明星，时间长，成本高，对于小企业来说难上加难。但是在互联网时代，一个产品要成为爆款，时间更短，成本更低，负担小、反应快、更灵活的中小企业反而更容易通过打造爆款实现异军突起。

小米手机能够叱咤手机行业这么多年，主要建立在“专注、极致、口碑、快”产品七字诀的基础之上。雷军认为，互联网时代就要精简产品线，把产品做到极致，然后以更快的速度进行更新迭代，并以低价格迅速投放市场，造成市场“雪崩效应”，进而获得口碑。口碑传播的关键不是优质低价，而是“超预期”，如果能给消费者超出预期的产品和服务，口碑传播将自然出现。

近年来，中国经济增速下降、销售渠道剧变、品类热点快速迁移、消费者需求圈层化，充分利用压强原则，聚焦某个用户痛点，以快速迭代将其做到极致，打造超级“爆品”，带动其他周边产品的销售，成为增长“失速”市场中寻找增长机会的重要手段。

直击痛点才有力

商业的本质就是满足顾客需求。人类之所以需要某种产品或服务，往往是因为存在需要解决的问题。人们通常把钱花在三件事情上：第一件是解决人生存的基础需求；第二件是对抗痛苦，人们只要有了痛苦，一定会想方设法地去消除，直到痛苦结束；第三件就是追求享乐，在解决基本需求和消除痛苦之后，人就会追求更高的生活品质。

从生意的角度上说，“做痛苦的生意”常比“做快乐的生意”更好做和更长久，这是由人的满足感决定的。当一个痛苦的问题越是深刻沉重，你就越有可能找到一个对抗它的办法，进而越能对抗这个痛苦，用户就越愿意尽快地购买。

近几年来，“痛点”已经成了互联网企业的口头禅，但凡举办新品发布会，企业总会找到几条核心的用户痛点作为靶子，进而陈述自己的解决方案，说明自己的产品有多好。

顾名思义，痛点即痛苦的点，是用户在使用产品或服务时抱怨的、不满的，让人感到痛苦的接触点。痛点之所以痛，是因为用户不满意，而用户不满意的原因，就是还有一些需求没有被很好的满足。

痛点是一切产品的基础，即使再好的产品，也有被诟病的地方，而解决一个又一个产品的痛点，正是产品永恒的追求。转化到产品上来说，就是产品的原始需求中被大多数人反复表述过的一个有待解决的问题或有待实现的愿望。

任何一个成功的产品，必然是能够击中用户的某个或几个痛点，如果用户对产品本身没有切身需求，那就说明用户不会成为稳定用户，这个产品的生命也肯定不会长久。

在互联网经济里，抓住痛点的产品非常多：阿里巴巴，从“让天下没有难做的生意”到“上天猫，就购了”，解决的是做生意和购物的痛点。百度，从“有问题，百度一下”到“百度一下，你就知道”，解决的是求知解惑的痛点。超级课程表APP，解决的是上课经常忘记课表的痛点。滴滴和快的，解决的是越是需要打的越是打不到的痛点。APP产品“大姨妈”，解决的就是女生经常忘记经期开始时间和结束时间，不知道该采取什么方式方法确保健康的痛点。

对于传统制造业来说，痛点思维其实也并不陌生，甚至可以说驾轻就熟。比如，曾经遭遇“毒奶粉”危机的乳品企业，向消费者不放心食品安全的痛点对症下药，或者主动敞开大门邀请参观，或者自觉建立全产业链监控体系，重拾消费者信任。比如，海尔听到农民客户反映“一洗土豆，洗衣机就坏”的问题时，并没有选择一笑而过，而是为此推出了适合农村市场、能洗土豆地瓜的洗衣机。宝洁公司海飞丝，针对的就是顾客去头屑的痛点。

痛点思维，说直白点，就是紧密围绕用户体验中的困扰、烦恼和短板，将“用户主权”的理念真真切切地贯穿到产品研发、生产、销售、服务等各个环节中，真正为用户解忧，让用户舒服。应用痛点思维，既有助于制造业降低无效生产、扩大有效供给，也有利于使企业产品更合客户胃口、提高市场份额。

不仅是互联网企业需要痛点思维，传统制造业的转型升级一样需要痛点思维，在传统工业化思维下，产品策划是企业主导型，即“企业预测什么好卖，就研发生产什么”，在互联网时代，企业经营指导思想从传统的产品导向向用户导向转变，必须将经营策略转向“先研判用户最怕最烦什么，再进行研发生产什么”。

痛点有两种，一种是明显感觉到痛的点，顾客非常渴望有一种产品或服务能够帮助他们解决问题；另一种是不那么痛的点，顾客的需求基本能够满足，只是希望能够有更好的解决方案。痛点能够主动、感性、迅速地点燃目标消费群体的消费欲望，一种产品或者服务能够解决越明显的痛点，越容易获得成功。

产品所针对用户的痛，应该是持久的痛。有研究表明，企业用户流失的原因主要有两种，一种叫作 3 分钟效应，如果在 3 分钟之内用户无法找到产品的亮点，或者说他急需解决的问题你无法解决，就可能会直接把你删除，或把你的产品无限期打入“冷宫”；它一种是用户在某个特定时间内确实没有需求。越是持久的痛，用户感觉越强烈，解决这种痛的产品黏性越高，用户越会爱不释手。

痛点不会自己找上门，痛点也不会永远一成不变。随着痛点的解决和技术的进步，新的痛点会源源不断地出现。正是不断出现的消费者痛点，推动了科技、企业和社会的发展。也正是从这个角度上来说，“只有夕阳企业，没有夕阳产业”。企业只有不断拉近与用户的距离，真诚倾听、深入调研，跟顾客互动、聆听顾客的声音，才能及时准确地把握市场痛点，快速灵敏地调整经营策略，从而在市场竞争中赢得主动。

为了找到用户的痛点，按照传统的做法，只有有实力的企业才能组织大规模、广泛的、深入的、专业的调查研究，这种调研中小企业是根本无法承担的。但在“互联网 +”时代，通过各种信息媒介，生产者与使用者之间实现了“零距离”，网络调查问卷、搜索引擎、社交平台、电子商务网站、大数据平台等信息技术、工具和手段的极大发展，使企业捕捉用户的痛点更加便捷更加细致更加深入，产品迭代升级也可以更加快速更加频繁更加容易。

企业找到用户痛点之后，要把用户本来一定程度上可以忽视的痛点受到更多关注，甚至将痛点的感觉放大100倍，如果能让用户意识到这个痛点真的痛彻心扉，那么针对这个用户痛点的产品就更加容易取得成功。比如，营造一种场景来唤起用户的痛感，在恰到好处的处理下，会让用户的替代感格外强烈，同时努力让用户在痛的时候记住自己的产品。

“孩子王”是五星控股集团出售五星家电连锁业务之后，于2009年新创立的另一个零售业务品牌，专业从事孕婴童商品一站式购物及提供全方位增值服务。在全国实体商业受到电子商务极大冲击的情况下，孩子王却在短短五年时间内发展到全国近10多个省份、运营100家平均5000平米的连锁实体门店，拥有近千万名会员用户，成为年轻家长和孩子们购物、娱乐、互动成长的首选场所，销售额90%来自于会员。其核心的原因就是建立了基于顾客为中心的模式，跟顾客互动，聆听顾客的声音，真正去了解顾客，持续向顾客学习，坚持探索、通过研究顾客分类、建立细分顾客模型、多渠道顾客互动沟通、育儿顾问建立交互式客户关系、社区中心锁定顾客黏性、开创孕妇群体学院等全方位满足顾客个性化需求，从而精准地找到属于自己的顾客，并在互动关系中建立牢固的情感链接，打造强关系，为企业的发展壮大提供可持续驱动力。

五星控股集团董事长汪建国在苏南正和岛岛邻机构成立壹周年庆典暨狂客论坛上分享他的企业互联网工作尝试时指出："孩子王为了了解顾客，每个月都会举行妈妈座谈会，聆听顾客的声音，特别是顾客的抱怨。顾客的抱怨就是我们的商机。开妈妈座谈会是非常痛苦的，都说三个女人一台戏，10 个女人在一起开会的话是比较难的。妈妈们在一起经常说孩子王确实做的很好，商品很丰富，价格很便宜，送货很及时，但是有一点做得不够好。一位妈妈告诉我，她说自己一个人在家里带小孩时，如果碰上外面声音大的时候，她就有点害怕；接受快递时，外面咚咚地敲门，门一开，面对一个大男人站门口，穿着宽松衣服的她就会觉得很尴尬。怎么办？是让他送货进来还是不让他进来？面对顾客这样的抱怨，其实我们作为商家，就应该了解顾客。后来，我们把快递员全部换成了妈妈团去上门送货。这就是我们真正理解顾客、掌握顾客的地方。"

快速迭代抢时机

传统企业做产品开发的方式是，首先由企业内部研发团队进行封闭开发，在不断地测试中完善产品设计，等到产品很完美、质量非常稳定的时候再投向市场，然后再不断收集市场反馈意见、根据市场销售情况进行完善修改后，才推出第二代产品，无论是第一代产品的研发、还是第二代产品的修改，都要花费很长的时间，研发周期长，投入风险大，要么因为效率太低失去市场先机，要么因为市场反映不好造成巨大投入损失。

互联网时代，信息传播速度非常快，企业与用户之间的沟通渠道非常通畅，市场环境瞬息万变，产品生命周期越来越短，时间是企业最大的敌人，速度成为竞争成败的关键，谁能在最短时间内、用最快的速度提供满足用户需求的产品，谁就将抢占用户、占据竞争主动，而落后者无论过去多么成功，以后连喘息的机会都不会有。

互联网产品有一个很重要的特点就是“灰度发布”：产品的发布过程不是一蹴而就，而是逐步扩大使用用户的范围，从公司内部用户—忠诚度较高的种子用户—更大范围的活跃用户—所有用户。采用这种方法，由于产品团队根据用户的反馈及时完善产品相关功能，因而能够及早获得用户的意见反馈，完善产品功能，提升产品质量：能够让用户参与产品测试，加强与用户互动；能够降低产品升级所影响的用户范围。

小米公司雷军坚信“天下武功唯快不破”。小米手机能够在短短四年时间之内，从零成长为销售额达到800亿元人民币、估值最高达到400亿美元，被美国知名商业杂志评为2014年度全球50大最具创新力第三名的公司，“单点突破—试错—用户反馈负面口碑—再迭代—再试错—直到正面口碑—然后顺势而为，将单点做到极致”的产品开发机制起到了重要作用。小米的软件MIUI开发采用开放创新、客户参与、不断迭代的众包模式，保持每周一次的迭代速度，按照用户的反馈意见和市场发展趋势，与时俱进地加入各种新功能。小米的硬件升级也尽量让一个大版本销售周期保持12个月以上，一个大版本分成几个小版本，同时采取分批方式销售，基本上每一到两周销售一批产品，每批产品都会基于客户的反馈进行迭代式微改善。

微信在第一年就发布了15个版本，微信1.0只有即时通讯、分享照片和更换头像等简单功能；微信2.0增加语音对讲和“查看附近的人”陌生人交友功能；微信3.0加入“摇一摇”和“漂流瓶”功能、支持繁体中文以及多国家、多地区用户绑定手机号；微信4.0相继增加相册功能并可以分享至朋友圈、视频聊天插件、摇一摇传图、语音搜索、位置导航、实时对讲和多人实时语音聊天、公众账号等功能；微信5.0相继加入表情商店、绑定银行卡、收藏、绑定邮箱、分享信息到朋友圈、游戏、支付、打车等功能；微信6.0增加微信红包、Wifi入口等功能。正是在这种快速的产品迭代、功能的不断完善、商业模式的不断拓展中，微信用户数量实现了急速增长，到现在为止，微信的功能已经非常丰富和强大，真正成为了移动互联网时代承载力最强大的平台和入口。

西班牙服装ZARA品牌能在全球服装产业低迷的环境中异军突起，主要依靠高度灵敏的供应链系统和扁平高效的决策机制，通过快速的产品研发、短时间复制最流行的设计，建立起“快速、多款、少量”产品管理模式，在传统顶级服饰和大众服饰中间开创出了快速时尚模式。ZARA将产品的设计到成衣摆上柜台出售的时间缩短到7～12天，而中国服装业则需要6～9个月、国际名牌需要120天，一些顶级品牌的最新设计刚摆上柜台，ZARA 能够迅速发布和这些设计非常相似的时装；ZARA 每年设计出来的新款将近 5 万种，真正投入市场销售的大约有 12000 多种，是竞争对手平均种数的 5 倍，每款时装的数量一般不大，即使是畅销款也不例外。

起家于淘宝的韩都衣舍能够从最初的年收入 300 万元，快速崛起达到年收入 16 亿元，一个重要原因就是其成功地将 ZARA 模式转移到电子商务平台，创造了以产品小组制为核心的单品全程运营体系，建立了快速反应的柔性供应链体系，致力于为都市时尚人群提供高品质的流行服饰，凭借“款式多、更新快、性价比高”的产品理念深得全国消费者的喜爱和信赖，从而成长为中国“互联网快时尚”第一品牌。

快速迭代的产品开发方式，与在美国硅谷流行的一种创新方法论“精益创业”完全相符合。埃里克·莱斯在《精益创业》中提出：首先快速向市场推出极简原型产品；其次以最小的成本和有效的范式验证产品是否符合用户需求；如果产品不符合市场需求，最好能“快速而廉价地失败”；如果产品被用户认可就继续不断挖掘用户需求，迭代优化产品。

要实现快速迭代和精益创业，企业必须建立四个保障体系：第一是敏捷开发机制；第二是用户反馈机制；第三是高效决策机制；第四是敏捷供应链。在快速迭代的过程中实现微创新，兼顾核心模块设计的稳定性并快速适应市场的变化和不同客户群的需求，提升用户满意度。

敏捷开发，是指其改变传统大项目产品开发模式，将一个大项目切分成多个既相互联系，也可独立运行的小项目，不断进行迭代、循序渐进地开发，不追求1.0版本产品的完美，而是在不断接受用户反馈的过程中持续迭代完善升级，在开发过程中严格按照优先级顺序，通过分析需求的紧急性和重要性，做出优先级的判定，每次迭代前重新调整需求的重要性，及时加入重要的业务需求和用户需求，即使最后时间不够，也能保证最需要的功能开发完成。

用户反馈，是指要实时倾听用户的声音，真正相信用户的直觉，及时对用户的需求变化做出快速反应，必须依托互联网技术和信息化手段，特别是社交媒体，保证企业能够第一时间收集到用户真实的声音，主动联系用户了解使用体验，充分关注用户的反馈特别是抱怨和不满，在遇到两难选择的问题时可以直接让用户决定，总之就是在持续不断地发现问题和解决问题中实现产品品质和体验的提升。

高效决策，是指企业要注重培养产品经理并进行充分的授权，持续提升整个团队的产品能力，不同的团队专注面向单独的产品领域，保持产品团队的用户和市场敏感度，提升产品经理的产品感觉，提高技术团队的产品意识，同时企业在扁平组织、基层授权、移动办公等提供决策流程上的支持。

敏捷供应，是指以核心企业为中心，以信息技术为支撑，通过对资金流、物流、信息流的计划、协调和控制，将供应商、制造商、分销商、零售商及最终消费者用户整合到一个统一的、无缝化程度较高的功能网络链条，从而实现供应链体系的动态联盟、协同运作、优化管理、以需定产，真正实现客户需要什么就生产什么的订单驱动生产组织方式，降低整条供应链的库存量，为快速迭代提供支撑。在某些时候，甚至在产品研发之时，供应链上下游企业的技术人员和工程师一起工作、相互参与开发过程。

极致体验要落地

菲利普·科特勒认为，顾客满意“是指一个人通过对一个产品的可感知效果与他的期望值相比较后，所形成的愉悦或失望的感觉状态”。也就是说，客户满意水平是可感知效果和期望值之间的差异函数。要想提高客户的满意程度，很重要的一点就是要减小客户体验与客户期望之间的差距，确保最终的用户体验大大超越客户期望，才容易使用户在使用产品的过程中出现尖叫。

伯尔尼 H. 施密特在《客户体验管理》一书中指出，客户体验管理是“战略性地管理客户对产品或公司全面体验的过程”，以提高客户整体体验为出发点，注重与客户的每一次接触，通过协调整合售前、售中和售后等各个阶段，各种客户接触点，或接触渠道，有目的地、无缝隙地为客户传递目标信息，创造匹配品牌承诺的正面感觉，以实现良性互动，进而创造差异化的客户体验，实现客户的忠诚，强化感知价值，从而增加企业收入与资产价值。客户体验管理的内容主要包括产品、服务、关系、便利性、品牌形象、价格等方面。

互联网时代，客户体验管理成为近年来兴起的一种崭新客户管理方法和技术，被越来越多的行业和企业认识和重视，正在成为一种主流管理方式和竞争能力。过去，企业把产品销售给顾客，拿到了钱，交易就结束了，企业也不希望用户再找自己。但是今天，用户买完东西并不意味着关系的结束，反而只是关系的开始，企业希望和用户建立长期友好的关系，从而赢得口碑和重复消费。

雕爷牛腩这家以“互联网玩法”著称的餐厅，就专门设置了一个特殊的岗位，那就是“首席体验官”，专门负责从客户的角度去感知餐厅的服务，时刻注意客户的意见反馈，时刻注意改善服务，首席体验官还有权力直接为用户的小菜、茶水免单。

为了旗下了解《征途》游戏用户的体验和意见，自诩“骨灰级玩家”的史玉柱花十几个小时打游戏成为家常便饭，根据自己的真实体验，结合收集到所有玩家感受，不断对产品内容进行修改和补充：觉得一直点鼠标打怪太累，就设置自动打怪让玩家端着咖啡打怪；觉得看地图找坐标太累，就设置自动寻路，让玩家点一下就到目的地；看到其他游戏里的玩家之间买卖装备金额越来越大，就提出不如官方来出售材料，玩家自己打装备……正因为这种从玩家需求出发的策划理念和高度重视顾客消费体验的态度，《征途》迅速被市场认同，巨人公司一跃成为中国市场的主流网游之一，净利润就达到国内第二名。

对于企业来说，要打造具备强大生命力的超级爆品，只是单纯的找到痛点和解决痛点肯定是不够的，还必须将用户的“痛”变成“痛快”。要达到这种“痛快”，企业必须让用户觉得你的产品不仅仅能够解决他本来要面对的问题，而且还能够给他贴心、人性化的感觉，这种感觉主要来自于产品的简单易用、情感认同、高性价比三个方面。

一要突出简单易用。

《疯狂的简洁》一书指出，任何一家公司只要能驾驭简洁，很快就能主宰世界。用户喜欢简单的产品，这是由人的天性决定的，人们不愿意做过多的选择、过多的思考、太复杂的操作，更希望自己的需求能够轻松得到满足，甚至在满足的过程中充满快乐。把产品做得越简单，越容易使用，越多人愿意用。

功能越复杂，越增加用户的选择成本和思考成本，用户越没有耐心，甚至是迷茫。我们作为消费者都会有一个切身的体会，就是如果一样东西功能非常丰富、操作步骤非常烦琐、用起来非常麻烦，一定是使用过一次就不再想用，即使有时候不得不用，也肯定没有愉悦感，只有烦躁。

在产品设计上要做减法，产品设计的前提是假设用户是“傻瓜”和“懒人”，在满足产品功能基础上，突出人性化设计，使产品尽可能的简单易用，也只有这样才能使产品的用户范围最大化。当“傻瓜”和“懒人”都觉得产品使用方便顺畅、很有感觉，能在消费和使用过程中感觉到“舒适性”的时候，就是产品成功的时候，也会引起用户尖叫，形成口口相传的效应，从而给产品的销售带来极大地便利。

乔布斯认为，最好的用户体验就是在用户找到问题之前就解决问题；做任何事时都要问自己，这款产品用户使用起来是否简单？对用户来说这款产品有多棒？

二是突出情感认同。

中国经济经过几十年的发展，功能性产品生产已经十分成熟，伴随而来的营销手段也是层出不穷、花样翻新，但消费者也产生了强大的免疫力，他们对产品的需求不断升级。

互联网时代，用户对产品的关注从之前的功能、质量、品味更多转向了情感，年轻的消费者更加重视一个品牌、一个产品其中所包含的价值观和生活方式，转而追求有情怀、有个性的品牌，紧紧抓住消费者内心渴望的产品正大放异彩，这也就是情怀经济的由来。

我们可以看到，UBer 并没有像滴滴这么烧钱，但是他们做了多很有意思的事情。而正是这些有意思的事情，让他在中国飞速发展起来。比如，他们跟妈妈网合作，从妈妈的角度打造了一个非常温暖、非常接地气的妈妈专车，让妈妈们开心的同时帮他们进行免费的推广。他们也曾联手锦上绣高级定制蜀绣旗袍与专业摄制团队，让成都市民可以通过 Uber，为妈妈一键呼叫移动摄影棚主车。让孩子陪着母亲一起穿越传统川蜀风情的老成都与摩登时尚的高新区，重温儿时母子、母女的画面，并定格妈妈当天的优雅绽放。这个活动在成都也迅速的火爆起来。这就是情怀经济，这是一种新的，我们叫消费场景的一种玩法。其他思维都是用户思维在价值链不同层面的延展。

在现代互联网消费品牌三支松鼠创始人章燎原指出，“包装箱也不能马虎，也要做足功课，这是消费者的第一次物理接触，要把此前感知接触存留的好感一直传下去，因此三只松鼠的包裹箱和里面的包装都是经过精心设计的。”三只松鼠每次都会给用户的包裹里附送夹子、垃圾袋、纸巾等物品，可以说他销售的不是坚果而是享受坚果的快乐，正是这种让人惊喜的人性化小动作牢牢抓住了消费者的心，带动了重复消费和口碑传播。

三是突出高性价比。

从理性的角度来讲，产品性能或服务质量和价格之间本来就是一对矛盾体，如何找到其中的平衡点，始终是所有企业必须要解决的一个难题。用户选择一种产品和服务，最基本的要求是解决迫切需求获取“满足感”，而更层次的需求则是期望在质量、价格、服务等因素上出现“超预期”。

虽然现在的消费者对于价格已经不是那么敏感，但是产品价值与价格之间的搭配关系仍然是用户选择某种产品或服务的一个重要参考。过去消费者选购产品讲究物美价廉，互联网时代消费者选购产品更加注重高性价比。特别是所谓的高性价比甚至是免费模式，成为众多互联网企业攻击传统经济的主要手段和方法。

性价比虽然非常重要，但高性价比其实也只是一个结果，先追求性能还是先追求价格非常关键。一定要记住，性能是第一位的，价格是第二位的。苹果公司产品能够一直大卖，主要原因是性价比所致，但是其前提是产品的优质，而不是价格低，也就是说，在这个性能级别上，他们的价格是最低的，是一种相对的概念。

企业如果过度地追求高性价比，很容易出现低质低价的结果，这是因为产品的价格必定有一个合理的区间，如果没有品质的保证，再低的价格自然也就失去了意义。先框定低价格再去做产品设计是一种很可怕的行为，因为焦点已经不在性能上，而是在价格上，自然就会造成所有的设计和原材料都为价格让路，过于依赖“价格”也会造成产品开发意识上的懒惰，甚至会直接导致扼杀创造力的抄袭行为，对于企业的长远来说就是自杀。

正是基于国产商品和服务在质量和品质上的软肋，国家才大力倡导新国货和供给侧改革，实现着力解决从无到有问题向解决从有到优问题的跳跃。近年来华为手机后来居上进入全球前三，小米手机高速增长后出现回落跌出前五，与华为注重研发和品质，而小米手机过度追求性价比和参数华丽、红米手机不断击穿价格底线但遭遇众多质量问题，有直接的关联，值得所有企业深思和借鉴。

4. 智能制造

随着市场经济的日益繁荣、商品供应的极大丰富和消费者话语权的大幅提升，市场需求呈现多样化、个性化、多品种、小批量的新特征，产品寿命周期越来越短，要求现代企业必须有最短的交货期、最优的产品品质、最低的产品价格和最好的服务，如何更好、更快地满足市场需求成为制造模式创新的重要因素，刚性制造模式逐渐被柔性制造模式所替代，对制造系统提出了更高的要求，也提供了更大的发展动力。

新一代信息通信技术快速发展并广泛渗透，推动各领域技术持续突破、不断融合、加速应用，互联网 + 、物联网、云计算、大数据、机器人、3D 打印、新型材料等多点突破和融合互动，引发制造业发展理念、技术体系、制造模式和价值链出现重大变革。

以智能制造为代表的新一轮产业变革迅猛发展，实现“数字化、网络化、智能化”的智能制造成为制造业发展的新趋势，也是新一轮科技革命和产业变革的核心所在。智能制造极大地缩短了产品的研制周期、提高了生产线的灵活性、大幅节省了劳动成本、提高了生产效率、提升了客户体验，为满足多样化、个性化、多品种、小批量的市场需求和应对全球制造业面临的资源、环境、人口等方面挑战提供了支撑。

从实践来看，当前我国制造业在数字化设计、自动化生产线、生产加工的数字控制、企业信息管理方面都具有了良好的基础和水平，但总体上看还未完全实现工业化，还处于机械化、电气化、自动化、信息化并存的发展阶段，大部分企业高端传感器、重要操作系统和数字化基础的智能化水平还有待提高，在自动化及智能化装备（生产线）、生产加工的数字控制、企业信息管理方面基础较为薄弱，互联网与工业的融合发展还有很大空间。

内涵体系很丰富

关于智能制造的研究大致经历了三个阶段。

起始于 20 世纪 80 年代人工智能在制造领域中的应用，定义为通过集成知识工程、制造软件系统、机器人视觉和机器人控制来对制造技工们的技能与专家知识进行建模，使智能机器能够在没有人工干预的情况下进行小批量生产。

发展于20世纪90年代智能制造技术、智能制造系统的提出，认为是一种在整个制造过程中贯穿智能活动，并将这种智能活动与智能机器有机融合，将整个制造过程从订货、产品设计、生产到市场销售等各个环节以柔性方式集成起来的能发挥最大生产力的先进生产系统。

成熟于21世纪以来互联网、大数据、云计算等新一代信息技术的快速发展和应用，扩展为将企业的智能机器、存储系统和生产设施融入到虚拟网络——实体物理系统（CPS），这些设备、设施与系统之间能够相互独立地自动交换信息、触发动作和控制，使新产品的迅速制造、产品需求的动态响应以及对工业生产和供应链网络的实时优化成为可能。

按照我国工业与信息化部的定义，智能制造是基于新一代信息技术，贯穿设计、生产、管理、服务等制造活动各个环节，具有信息深度自感知、智慧优化自决策、精准控制自执行等功能的先进制造过程、系统与模式的总称。智能制造集成了技术创新、模式创新和组织方式创新的先进制造系统，是集成制造、精益生产、敏捷制造、虚拟制造、网络化制造等多种先进制造系统和模式的综合，是制造技术发展，特别是制造信息技术发展的必然，是自动化和集成技术向纵深发展的结果。

智能制造将物联网、大数据、云计算等新一代信息技术与先进自动化技术、传感技术、控制技术、数字制造技术结合，融合信息技术、先进制造技术、自动化技术和人工智能技术，实现工厂和企业内部、企业之间和产品全生命周期的实时管理和优化，实现了整个制造业价值链的智能化和创新，也是信息化与工业化深度融合后的进一步提升。

智能制造打破了狭义的“生产制造”概念束缚，延伸至“生产”的上下游环节，涵盖智能产品、智能生产、智能服务、智能决策四个领域，包括智能研发、智能产品、智能装备、智能产线、智能车间、智能工厂、智能管理、智能物流、智能供应、智能决策、智能服务。其中，智能产品和智能服务推动企业商业模式创新，智能装备、智能产线、智能车间、智能工厂推动企业生产模式创新，智能研发、智能管理、智能物流、智能供应推动企业运营模式创新，智能决策推动企业实现科学决策。

智能制造的特征在于人机一体交互、信息实时感知、优化决策、动态执行等方面：一是人机一体交互，人与机器之间智能交互、各显其能、相辅相成，通过人与智能机器的合作共事，扩大、延伸和部分取代人类专家在制造过程中的脑力劳动，更好地激发人的潜能。二是信息实时感知，利用高效、标准的方法，实时进行数据采集和自动识别，并将数据信息传输到分析决策系统。三是智慧优化决策，通过面向产品全生命周期的海量异构信息的挖掘提炼、计算分析和推理预测，形成优化制造过程的决策指令。四是动态精准执行，根据决策指令，通过执行系统控制制造过程的状态，实现稳定、安全的运行和动态调整、精准执行。

政策环境很给力

2008 年的全球性金融危机，不仅打击了虚拟经济，也严重损害了实体经济。世界各国尤其是欧美发达国家重新认识了实体经济的重要性，尤其是先进制造业以及制造业服务业在推动贸易增长、促进创新研发、平衡虚拟经济、创造就业等方面的价值。他们将制造业再回归、重振或确保先进制造业优势地位作为国家战略，并提出了各自的愿景和发展路线图，如美国的《先进制造业国家战略计划》、德国的“工业 4.0 计划”、日本的《制造业白皮书》、英国的“制造 2050”等。

每个国家对智能制造的政策扶持都基于自身的传统优势，美国的“工业互联网”强调将信息技术融入工业，德国的“工业 4.0”强调用硬件去兼顾软件，英国的“制造 2050”强调服务 + 制造，日本的“制造业白皮书”强调机器人应用，而中国的“制造 2025”强调两化融合与互联网应用。虽然每个国家都基于自己的传统优势而提出不同的主张，但其共同的核心目标都聚焦在智能制造上。

2015 年 3 月，工信部发布《关于开展 2015 年智能制造试点示范专项行动的通知》以及《2015 年智能制造试点示范专项行动实施方案》，正式启动智能制造试点，2016 年在总结 2015 年实施智能制造试点示范专项行动的基础上，继续组织实施智能制造试点示范 2016 专项行动。

2015 年 5 月，国务院发布实施制造强国战略第一个十年的行动纲领《中国制造 2025》，把智能制造列为五项重点工程之一，作为两化深度融合的主攻方向。

2016年4月，国务院常务会议讨论通过《装备制造业标准化和质量提升规划》，要求对接《中国制造2025》，实施智能制造，推动机器人等重点领域标准化实现新突破。2016年5月，工信部、发改委、财政部联合印发《机器人产业发展规划（2016—2020年）》，为“十三五”期间我国机器人产业发展描绘了清晰的蓝图。

2016年5月，《智能制造工程实施指南》，开展智能制造标准体系建设及智能制造试点示范专项行动。与此相对应，各级地方政府及各行业也相继出台了促进智能制造的支持政策。可以说，强力政策支持、关键技术和设备的突破，为智能制造的推广实施提供了良好的环境和条件。

2016年6月，国务院总理李克强在第十届“夏季达沃斯论坛”上表示，《中国制造2025》和“互联网+”不可分割，中国是世界上最大的发展中国家，正处于工业化的进程当中，制造业仍然是中国发展的基础，现在的关键是要让制造业转型升级，要由中低端迈向中高端，必须依靠互联网、云计算、大数据，适应定制化、个性化的市场发展趋势，向智能化的方向发展。

实践路径很明晰

从全国实践情况看，已经有大量企业在推进智能制造上取得了丰硕的成果，食品、制药、电器、电子、汽车、石油石化等一些行业都有了大量深入的应用，青岛海尔、四川长虹、万和电器、格力电器、潍柴动力、九江石化、成都西门子等企业在智能制造方面的实践推动企业在市场竞争中取得了新的优势。

从2008年至今，海尔集团持续推进模块化、自动化、数字化、智能化四个层次制造技术体系，从传统产品制造到无人生产线、黑灯工厂、数字化工厂、互联网工厂逐步改造，实现了创新驱动、质量效益、绿色制造、服务型制造四大转变，海尔互联工厂模式的探索和实践也得到了国内外知名专家的高度认可，认为海尔的智能制造探索走在了世界的前列。

近年来，美的集团实行T3战略，通过以销定产、精益管理，颠覆了过去的大规模制造、压货、分销模式，提升了产品质量，降低了成本消耗，缩短了供货周期，降低了库存水平，提升了运营效率，2016年6月底空调渠道库存下降到上年同期的40%，所有产品库存总额从原来的100多亿元下降20%到80亿元，人工成本从最高的12%下降到6.7%，这些都是建立在信息系统持续投入、产品型号简单化、供应链柔性化、生产制造智能化、仓储物流程控化的基础上。与此同时，美的还围绕工业自动化进行新的布局，巨资收购全球机器人龙头企业德国KUKA，成为中国唯一一个掌握工业机器人核心技术的企业。

对于传统制造型企业来说，推进智能制造要重点做好三方面工作。

第一，纳入战略做好规划。

推进智能制造是一项长期、艰巨、复杂、浩大的系统工程，需要大量的资金、人力资源的投入，如果企业没有最基本的基础条件，绝对不是一蹴而就的事情，更不能单纯为了智能化而智能化，盲目追求自动化、信息化、智能化，而要结合自身的情况、所处的发展阶段、技术水平、经济实力量力而行。

首先，要将其纳入企业的长期发展战略中，抓住获取企业可持续发展的核心竞争能力这条主线，搞清楚研发什么样的产品、需要什么样的制造技术、采取什么样的经营模式、提供什么样的服务等关系企业未来发展路径的核心问题。

其次，要做好实施规划，智能制造的建设过程也是两化深度融合的过程，必然伴随着重大的管理变革和流程再造，按照业务导向和问题导向明确优先等级和先后顺序，坚持整体规划、分步实施、重点突破、逐步完善、效益为先原则进行推进。

第二，建设智能工厂。

智能工厂是智能制造的核心组成部分，包括网络化的生产设施及智能化的生产系统，充分采用工业控制软件、数控系统、工业机器人、快速成型、计算机辅助制造（CAM）、制造执行系统（MES）、传感器、工业以太网等智能设备和先进技术，对生产设备和工艺进行智能化升级改造，提高生产车间的柔性化生产能力。

建设智能工厂的关键在于智能可靠的传感器、海量高速的数据存储、细致深刻的大数据分析洞察、安全稳定的工业通信网络以及灵巧的智能机器人，以数据采集系统、企业服务总线（ESB）、制造执行系统（MES）、3D虚拟仿真系统、能源管理系统等信息技术系统为支撑，实现对生产系统、产品、设备工作状态的动态实时监测、问题远端校准、生产资源优化和数据查询分析，从而为小批量、个性化、柔性化、智能化生产提供支撑。

建设智能工厂最困难的问题，是各种设备生产厂家不同、设备标准不统一、控制系统类型繁多、大部分不具备监控功能、尚未实现信息化联动。比如，来自美国、日本、德国、法国、中国等不同国家的机器的程序语言不同，甚至同一个国家不同公司也有不同的语言指令，甚至同一家公司不同年代生产的机器其语言指令也不同。如何让这些来自不同渠道、不同年代、不同厂家的机器共同组成一个团队协同工作就成为一个难题。

有需求就有市场，在工业和信息化部、国家标准化管理委员会联合发布《国家智能制造标准体系建设指南》的同时，上海名匠智能系统公司在2014年发布国内首条国产化工业4.0生产线后，又在2015年工博会上正式发布基于ARM处理器和嵌入式实时操作系统的智能采集平台“牛顿1.0”操作系统，支持西门子、三菱、台达等数十种PLC的采集，以及Fanuc、西门子、三菱等主流数控系统数据采集，将工业4.0项目实施难度降低60%、维护成本降低90%，被国家确定为国内相关标准的联合起草单位，受到海尔、美的、宝钢、中国建筑、各行业龙头企业的广泛采用。

第三，打造数字企业。

智能制造不仅要实现生产过程的智能化，更重要的是要通过以客户价值为牵引的核心业务流程的纵向集成，优化内部资源配置，消除职能壁垒，大幅提升运营效率，通过研发、供应、制造、交易、物流等诸多环节实现了信息技术与工业技术的深度融合。因此，要大力推进信息化建设，形成了以 PDM、ERP、CRM、PLM、商业智能（BI）为核心，涵盖了产品的研发设计、生产管理、产品销售、原材料采购、物流管理、财务管理、信用管理、知识管理、决策支持等公司经营管理全过程。

智能制造的重要支撑是大数据，没有大数据的智能制造是无源之水。大数据的收集、统计和分析，是整合智能工厂管理、准确预测市场需求、极大减少库存、优化供应链、大幅降低成本的前提和基础。

要建立企业数据中心和数据交换平台，推进研发设计与生产制造的集成、生产与管理的集成、生产与销售的集成、业务与财务的集成、总部与分支机构的集成，实现产销衔接、管控一体，实现企业内部数据的无障碍交换和沟通。

要以信息化推进产业链协同，努力实现企业内部信息系统与第三方供应商、经销商等产业链各个环节企业的信息系统之间的数据接口，相互共享设计、库存、物流等信息，通过研发、供应链及服务协同，推动产业链的协同增效。

智能制造首先要基于数字化的连接，利用数字化的能力，把所有的业务和环节与消费者连接起来，包括产品的规划、设计、开发、供应链、制造、渠道、分销等。智能制造不只是“无人工厂”，而是要将传统的制造业物理形态，比如生产设备、生产线、物料、配件、成品、仓库、配送车等都进行数字化，通过数字建模和云计算，对资源进行最合理的配置，通过价值分析产生价值，最终变革整体业务模式。自动化集群的应用及自动化的工厂，只是其中部分环节。

第三节 变革机制激发组织活力

彼得·德鲁克在《管理》一书中指出：信息革命改变着人类社会，同时也改变着企业的组织和机制。正如《管理的未来》一书中所描述的一样：当颠覆性的技术、激烈的市场竞争、分散的市场、全能的顾客、挑剔的股东对管理提出新的挑战之时，你的企业是否还在实践所谓的现代管理？

互联网技术推动了全球经济社会的深刻变革，面对质变、混沌的外部商业环境和日益凸显的用户主权，生产要素中最具活力、最重要的因素知识、技术和信息都发生了重大变化，对企业管理的环境、对象、理念、方法和手段都产生了不可估量的影响，对人与人之间的分工与协作方式也进行了重构。

很显然，企业已经无法完全依靠过去那种预先所确定的组织秩序和组织规则找到触发点或引爆点，而是必须具备一种能自我调节、自我适应、自我修复、自我创新的能力。这就需要组织进行结构化创新、颠覆式创新来建构这种能力，企业自组织化、自组织式管理由此进入视野，推动企业在组织机构、工作方式、考核方法、管理手段、创新途径等方面进行重大变革。

小米手机能在短短的几年之内进入前三名，主要得益于他们对互联网时代特征的把握及在此之下进行的一些管理创新实践：没有管理层，没有 KPI，没有级别体系，没有“员工活动”，没有“内部沟通”。小米董事长雷军给病入膏肓的凡客开的药方，也是去管理层、去 KPI 和去贪婪。

1. 扁平组织

在互联网环境下，经济讯息万变，微信的张小龙都不知道 3 个月后的微信是什么样子。等级分明、层层管控、流程森严、秩序井然、按部就班的传统企业将失去快速反应能力，速度成为企业最需要的优势。多层级组织结构、层层审批的决策机制、传统的汇报请示流程严重阻碍了信息的传播和决策的速度。只有削减管理层级，构建扁平组织，实现重心下移，进行决策授权，依托移动办公，才能提升决策效率、降低管理成本、提升企业快速反应能力，从而应对更加激烈的市场竞争，适应讯息多变的市场需求。

基层授权

在工业经济时代，大部分企业采用自上而下的金字塔式组织结构，奉行自上而下的军事化集权式管理，突出的特点是严谨、规范、控制和命令，等级观念严重，权力掌握在少部分高层手中，高层管理者做出决策，然后通过计划、命令、预算等方式对组织内的人、财、物、事进行控制，下一级员工只要按照上一级要求无条件执行就可以了，无法提供太多建议更不用说影响决策的权力，“一言堂”作风严重，从而严重压制了企业的创新能力和个体的主观能动性。

无论是直线职能制、事业部制还是矩阵制，随着企业的不断扩大，受到有效管理幅度的限制，企业的管理层次越来越多，而随着管理层次的增加，传统组织结构的弊端日益暴露，组织官僚、涣散和僵化，沟通渠道不畅，反馈机制不灵，决策效率低下，信息传达漫长，沟通成本、协调成本、监督成本不断上升，难以适应日益激烈的竞争和快速变化的环境。

在“去中心化”的互联网经济里，外界环境讯息万变，企业员工个性更加凸显，现场管理和临机决断的事情越来越多，对市场的反应速度越来越成为关系竞争成败的关键，企业管理必须强调尽可能地充分发挥个人的主观能动性和创造性。在继续保持管理层的决策、计划和管理权威的同时，企业管理者必须进行适度的放权，将决策权和管理权下放，将更多的权力和功能最大限度的分散到基层机构和基层员工，自身从原来的行政官僚向后勤人员转变，努力为下一级管理者提供服务、提供资源保障。

企业必须进行管理模式转型，改变传统专业化分工下的流水线和层级制桎梏，按照重心下移、压缩层级、贴近一线的原则建立扁平式组织结构，从原来的小数量、大覆盖、多层级组织结构变革为大数量、小覆盖、扁平式的网络式组织结构，从而减少管理层次、扩大管理幅度、降低信息传递错误、提升响应决策速度，革除层层汇报、事事审批、反复流转的弊端，使企业组织变得更加灵活、敏捷、柔性。

特别是面对客户的市场营销部门，一定要扩大直接面对最终用户的人数和面积，缩短信息从市场一线到企业决策高层之间的距离。与此同时，企业的资源和权力下放基层，通过与顾客直接面对的基层员工调度一部分资源，更好地体现顾客需求驱动企业的特征，避免顾客反馈信息向企业高层传达过程中的失真和滞后。

销售部门的行政人员大幅缩减，管理层次大幅减少，每个管理者的覆盖范围大幅降低，更多的销售人员面向一线、面向终端、面向用户，并且拥有一定的决策权力和资源调度能力，必然提升企业市场反应速度，提升用户服务水平，确保公司更好地掌握市场态势、完成快速决策、实现有效应对、抢抓市场机遇。

这种转变，就如传统的交响乐队由一个乐队指挥的模式向爵士乐更加注重每一个乐手的演奏及互相聆听转变一样。转变完成后，组织的核心不再是领导，决策层不再是高管，员工也不再是操作层，所有员工都是一个运营主体，每一级主管的主要任务不再是管理和控制下一级员工，而是为自己职责覆盖范围内的每一位员工提供支持和服务。企业从以前全靠车头带动的火车转变为每一节车厢都有发动机的动车，驱动企业发展的引擎从以前单一的管理层变成了各个部门乃至每个员工。

在 2014 年用友公司发布的《企业互联网》白皮书数据显示，43.6% 的受访企业表示，扁平化管理是互联网时代企业必备的特征。

2010 年谷歌出了一份内部报告《管理为何重要，最出色的管理者如何做》，举出了 8 项关键管理行为：一名好教练；授权于团队、放弃微管理；关注并关心团队成员的成功及个人福祉；工作富有成效且结果导向；善于倾听、分享，一名优秀的沟通者；帮助员工进行职业规划和发展；对团队愿景及战略有清晰规划；具备关键技术技能，能够给予建议。从中我们可以看出，互联网时代的管理对管理者提出了更多的要求及必须进行的角色转变，既要具备出众的业务能力、规划能力，又要扮演好教练、倾听者和服务者的角色。

历史上日本丰田汽车曾经打败美国通用汽车，其中一个重要的原因就是日本丰田汽车的组织架构只有 5 级，而美国通用汽车的组织架构确是 14 级。杰克・韦尔奇领导 GE 期间最有影响的举措就是把组织层级数量大幅缩减为八个，使 GE 变得更具有创新力和创业动力。

早在 2009 年，华为创始人任正非就在其《让听得见炮声的人来决策》一文中强调，“要努力做厚客户界面，以客户经理、解决方案专家、交付专家组成的工作小组，形成面向客户的“铁三角”作战单元”，“后方配备的先进设备、优质资源，应该在前线一发现目标和机会时就能及时发挥作用，提供有效的支持，而不是拥有资源的人来指挥战争、拥兵自重。谁来呼唤炮火，应该让听得见炮声的人来决策”，

“基层作战单元在授权范围内，有权力直接呼唤炮火”，开打“班长的战争”。

海尔集团在互联网时代的转型过程中提出“管理无领导”，其主要内容就是取消管理层级，消灭中层管理，全体员工全部转变为平台主、小微主和小微成员三种，三者之间没有什么领导、不存在谁是管理者，都只是在互联网时代所创造各种资源的角色不同而已，而且可以“官兵互选”。

2015 年 11 月 18 日，巨人网络董事长史玉柱微博公布了砍向巨人网络的三板斧，第一板斧就砍向了 133 名干部，干部总数从 160 名降为 27 名；六层的官僚管理层级削为三层。

团队竞合

《第三次工业革命》提出：“未来的各大组织架构将会走向一个分散合作的模式。”互联网强调开放、协作、分享的精神，对企业员工工作模式产生了巨大的冲击，团队协作与竞争替代部门分工与协作成为主流。

传统企业基于亚当·斯密《国富论》中的分工原则，每个高层领导、各个部门也都是按照职责进行专业化分工，部门与部门之间老死不相往来，甚至为了工作分工和绩效考核相互推诿拆台。为了引导劳动、资金、物资等资源的合理流动，企业必须付出一些内部交易成本，组织规模越是膨胀，内部管理协调成本就越是高涨，发展到一定程度内部协调成本甚至会超越外部交易费用。

在互联网时代，充分授权的扁平组织、并行高效的移动办公，使企业信息和资源更加透明和共享，部门员工之间沟通交流更加顺畅高效，从而打破了企业组织部门严格分工的桎梏，促进了部门、员工之间的交流互动，开创了企业组织变革和工作方式的新时代，阿米巴经营、蜂群团队、内部竞争成为日常工作的主要形式。

“阿米巴”即拉丁语中的单个原生体，属于能够随着外界环境的变化而变化、通过不断自我调整来适应面临生存环境挑战的“变形虫”。“蜂群”是指由蜂王、工蜂和雄蜂组成蜜蜂的一个群体，被借用到计算机和互联网领域后，指由许多独立的单元高度自治、彼此连接的一个活系统。这两种生物学上的现象和概念因为与互联网时代的“自组织”高度吻合，而被广泛应用于企业管理，特别是在互联网企业的管理中。这种具有自我扩展、自我适应、自我反馈、自我修复、自我成长的功能，能够保持企业发展壮大的生态系统稳定性和实现平衡增长。

阿米巴经营由先后创建两家世界500强企业、以80岁高龄拯救日本航空于危难的经营大师稻盛和夫提出，是指将组织分成很多小的组织，通过与市场直接联系的独立核算制进行运营。在京瓷公司中，既有传统的事业本部、事业部等部、课、系、班等组织体系，同时并行一套以“阿米巴小组”为单位的独立核算体系。一个部门、一条生产线、一个班组、一群人甚至一个员工，都可以成为一个基层组织单位和独立利润中心，可以像中小企业一样独立运作和自主经营。每个人既属于传统的职能部门，也属于自己的阿米巴小组，阿米巴小组有大有小，彼此之间能够随意分拆和组合。

蜂群团队来源于凯文·凯利在《失控》中对蜂群的研究结果，蜂群思维的神奇在于，没有一只蜜蜂是被控制的，没有人发号施令，但却有一只看不见的手，一直从大量普通成员中涌现出来的手，控制着整个群体。谷歌、亚马逊、Facebook、阿里巴巴、华为等新一代互联网企业，与当年微软、雅虎等科技企业采取事业部制完全不同，都显著的弱化了职能机构概念，建立跨部门蜂群团队，每一个蜂群团队就是一个创新项目，每个蜂群团队只有 7 ~ 9 个人，每个蜂群团队之间内部市场化竞争相关资源，有利于发挥出每一个员工的最大潜能。

阿米巴经营和蜂群团队这种小团队组织形式和工作方式，团队成员存在感更强、执行效率更高、沟通成本更低、容错度更高，更符合互联网下快速创新和不断进化的需要，也让企业内部各职能机构之间的边界更加柔性，更加强调团队之间的自主协调，也使成长型的员工素质得到快速提升、能力得到更加充分发挥。

阿里巴巴、腾讯、百度、京东、小米等互联网企业，不断进行由大变小的组织调整，把大部门拆分为小团队，并对小团队进行充分授权，给与充足的发挥空间，充分发挥“小快灵”的创业特质，形成大平台 + 小团队的组织结构和工作方式。阿里巴巴 2012 年拆分为“七剑”，2013 年再次拆分为 25 个事业部，未来计划会拆分为更多的事业部、更小的业务单元，哪个部门如果缺人，有本事自己去说服别人愿意跟你干，真正使整个生态系统更加市场化、平台化、数据化和物种多样化，最终实现“同一个生态、千万家公司”的社会商业生态系统。

“三马合作”的众安保险在组织架构和运营机制上以互联网企业蜂群组织为范本，设立了以产品为导向的团队机制，除了中后台的支持部门，总经理下面直接就是产品经理，分为信用保证保险、直营产品、通用产品、传统财险等多个产品线，所有职能部门都围绕产品而运转，团队协作更快速高效，产品研发时间大大缩短，市场反应速度也大大提高，一款产品从立项到上线只要 15 日，即使是在大年前一个星期才接到小米邀约的情况下，也能在年前就完成互动沟通、制定并提交产品解决方案。

海尔集团推行“人单合一”模式，将原有的 8 万多名员工转变成为 2000 多个小微型自主经营体，最小的自主经营体只有 7 个人，每个人都是自己的 CEO，企业转变成为按单聚散的网络化组织和提供资源支持的小微创业平台，将每一位员工的能力发挥到极致，培育出了雷神笔记本、小帅影院、扫地机器人、智能台灯、空气净化器等小微企业。

著名的淘品牌韩都衣舍之所以能够实现快速增长，买手小组负责制和内部赛马机制发挥了重要作用，每个由 3 ~ 5 人组成买手小组都进行独立核算，买手小组之间内部竞争首页海报图广告位，实际上也是一种内部承包的阿米巴经营机制。

工作协同

曾经有人做过的一个分析发现，在传统的企业管理中，一项工作流程的处理时间中 90% 是停滞的，真正处理的时间很短，因为工作人员要用“腿”和“电话”等人工方式推进，白白浪费了大量的时间和精力。

随着移动互联网、智能终端和网络安全技术的发展，大部分企业都已经具备或者可以具备移动办公的基本条件，而快速变化的商业环境、快节奏的生活工作方式对延续上百年的传统办公方式提出了挑战。

根据VMware发布的《2014年VMware消费者调查报告》显示，几乎所有参与调查的中国员工都有在办公室以外场所工作的经历，其中93%体验过路上办公，76.0%的用户认为在办公室以外场所工作很重要。

IDC相关调查数据显示，82.0%的中国员工会将自己的智能手机用作工作用途，61.0%的用户会将笔记本电脑用作工作用途，会将平板电脑用作工作的用户占35.0%。

移动办公是高速发展的通信业与IT业交融的产物，将通信业在沟通上的便捷、在用户上的规模，与IT业在软件应用上的成熟、在业务内容上的丰富完美结合到一起，成为电脑无纸化办公、互联网远程化办公之后的新一代办公模式。

只要在全球通信网络信号覆盖的地方，办公人员就可以利用手机、平板电脑等移动终端设备，在任何时间处理与业务相关的任何事情，操作便利简单，处理事务快捷高效，功能强大而且灵活。

移动办公让所有员工及企业信息摆脱时间和空间的束缚，员工不仅可以快速便捷随时随地获取工作内容，还能快速浏览重要信息、快速处理紧急事项，提升了员工办公效率和工作舒适感，企业能够实现信息共享和交互流动，甚至进行多方协同办公分发和重要事项远程管理监控，提升快速反应能力，降低运营成本，已经成为提升企业绩效和增强竞争力的重要支撑。

越来越多的企业在流程运行支持上引入更多的移动化、实时化、并行化管理信息系统或者工具，以此打破时间和区域的限制，使人们无需回到办公室就能执行流程，并联审核的设计打破传统串联审核方式的束缚，使信息沟通和决策的过程可以随时随地发生。比如，通过微信请求指示、接收指派任务、分享信息、寻求资源协助等；通过在线会议系统和各类即时通讯工具及时的沟通决策等使流程持续优化；通过办公自动化系统实现重大项目相关审核部门的同时极大的缩短审核时间等。

一份企业办公调研显示，已经将移动办公导入工作流程的占到了34.8%；1年内会完成的占到23.9%；将要导入的占到19.6%；1～3年内将完成的占15.2%；还在评估的仅占4.3%；不考虑导入的只占2.2%。

基于移动办公的急迫需求和广阔前景，2015年以来移动办公市场发展风生水起，不仅吸引了传统PC时代的OA厂商的跟进，更是吸引了众多互联网巨头的纷纷进驻布局，将其作为互联网C端之后的B端必争之地。

目前，市场上拥有微信企业号、阿里钉钉、联通蓝信、工作宝、云之家、iWorker、信鸽、IMO云办公室、今目标等移动办公平台，企业可以根据自身实际情况进行选择。

企业还可以对这些移动协同办公平台进行二次开发，实现企业所有信息化系统的门户集成以及单点登录，任何员工在任何地点、任何时候都能够实现所有信息系统的登录，查看相关文件、数据、资料，处理相关事务。

2. 变革绩效

绩效管理是永恒的话题，是企业战略落地的重要抓手，绩效管理的创新本身就是企业创新的重要内容之一，一样会随着时代的发展不断发展变化。

KPI 即关键绩效指标，是一种与公司的整体策略和目标密切联系，用来衡量员工表现优劣并推进公司整体绩效管理的工具。由于 KPI 考核往往和激励结果相关联，具有很强的导向性，一旦用了错误的 KPI，就意味着员工会执行错误的指令，更有一些对于企业长期发展来说是非常值得甚至是必须要做的，但因存在挑战性和影响考核结构的风险而无人愿意去做；制定目标和评价时容易存在人情世故和公平性的问题，严重的还会影响公司士气和内部团结。

BSC 即平衡积分卡，是一种围绕企业的战略目标，从财务、顾客、内部运营、学习与创新四个方面，对企业进行全面评测的绩效管理工具。由于考核要素多、工作量大，实施难度大，没有高素质的管理者和人力资源管理专业人员很难推广；更偏重于对组织绩效的考核，个人关键素质要求体现得不明显；实施周期长，需要调动整个公司的资源，短期内很难体现对战略的推动作用。

以 BSC、KPI 为代表的传统经典绩效考核管理模式，在过去为企业经营管理发挥了重要作用，但是在市场需求用户主导、组织机构扁平高效、工作方式跨部门团队、员工队伍活力迸发的互联网时代，其局限性愈发明显，导致企业绩效评价、考核体系和激励机制出现失灵。

每家企业都有自己的实际问题，没有什么模式或者方案一定是 100% 适合的。但是有一点必须要明确，那就是我们讨论的永远不是要不要绩效管理的问题，而是要什么样的绩效管理的问题。

企业千万不能受互联网上一些所谓的抛弃绩效管理言论的误导，而是要理解绩效管理的发展趋势，选择优秀的绩效管理系统来落地企业的绩效管理业务、提升绩效管理价值，促进绩效管理模式不断优化。

2015 年伊始，人才管理软件云服务领导者北森公司一篇《KPI 要下课了?》的文章，在人力资源圈掀起了轩然大波，各大媒体纷纷转载，之后又有更多人发表观点，加入这场热议，绩效管理再次成为企业管理的焦点。

北森公司对众多企业 HRD 或绩效经理的调查结果显示，超过 80% 的被调研企业仍然把绩效管理作为重点工作；超过半数的被调研企业计划在年内建立、修改和优化内部绩效管理方案。

以 KPI 为代表的经典绩效管理模式一统天下的局面已经被打破，目标与关键成果法（OKR）被越来越多的企业所关注和追捧，企业也更加关注如何利用绩效工具和系统帮助公司发挥绩效管理的最大价值，通过创新激励机制和方式助力企业的战略实现。要绩效、不要考核成为企业和员工共同的呼声。

淡化考核

很多企业都基于 KPI 和 BSC 建立了绩效评价体系，但是真正能够将绩效评价作用完全发挥出来的却比较少，甚至不仅未能达到预定的提高员工和组织绩效、确保组织发展战略和目标实现的目的，反而严重束缚了组织的活力和效率。

这是因为大部分企业都将绩效评价作为考核员工的工具，作为确定员工培训、晋升、奖惩和薪酬的依据，在对员工产生一定激励作用的同时，也使考核变成了“双刃剑”，一方面加大了员工的心理压力，另一方面也引发了部门与部门、员工与员工之间的对抗，反而影响了组织目标的达成。

索尼前常务理事士井利忠在日本《文艺春秋》发表的《绩效主义毁了索尼》文章中指出：充满活力的索尼公司正是被各种严苛的关键绩效指标紧紧锁住，导致短期主义盛行、职工失去热情，组织协同、人员成长、创新活力等重要因素被忽略，不管什么时代、也不论在哪个国家，企业都应该注重员工的主观能动性。

岗位规划、岗位分析、岗位说明书是考核的基础，但是在变动无时无刻都在发生的互联网时代，很难保证对每个岗位、每个人进行公平、公正的正确评价，考核内容也很难涵盖全部的工作，特别是对于从事较多跨部门、临时性工作的员工。制度不健全，工作没标准，缺乏依据和指标，激励和考核自然也就成了无源之水，最后的结果是考核不了了之。

企业对部门和员工的评价受到考核体系的影响，人情关系替代工作绩效成为更重要的指标，企业的“激励机制”所激励的不是员工的工作热情，而是结派系、揣摩擦的“积极性”“忠诚”者频频受到重视、嘉奖、晋升，有能力者反而被冷落，评先评优变成了轮流坐庄搞平衡，奖金也成了“大锅饭”，最终形成了人人混日子、士气低落的局面。

总之，传统的绩效考核导致本位主义严重，部门之间相互拆台，员工与员工之间相互推诿，与互联网时代下打破部门界限、以项目成立团队、自主管理时间的工作方式不相符合，必然出现部门绩效与组织绩效、个人绩效与团队绩效脱节的现象，无法显示部门或个人对组织整体的贡献，不利于发挥员工的主观能动性，抑制企业整体的创新活力。

企业再造之父，20 世纪 90 年代四位最杰出的管理思想家之一迈克尔·哈默认为，当你的员工是地球上最聪明的人时，命令和控制就不是一种好的选择。他在《管理的未来》中提出企业未来最大的挑战之一就是：为员工创造愿意全身心投入的工作环境，从而激发员工发掘自己最大的潜能。

当今时代高学历、高智商、高敏感、低年龄的员工群体，属于网络社会的原住民，他们出生在互联网时代，互联网价值观深植他们的脑海，崇尚自由、民主、开放、平等，渴望尊重、信任、赞扬、认同，厌恶控制、纪律、严谨、束缚。传统的胡萝卜加大棒的激励约束方式对他们已经失灵，“内心热情”比“外部动机”的激励约束作用更加有效和明显。

趋势专家、畅销书《驱动力》作者丹尼尔·平克指出：有人放弃了原本收入不菲的职位，反而接受一份收入低但使命感更强的工作；旧有的靠奖惩激发人们积极性的方式已经不再有效，我们必须把驱动力系统升级到3.0时代，这个新系统的核心不是“胡萝卜加大棒”，而是自主、专精和目的。

充分调动知识员工的积极性，激发他们的知识价值和创新能力，不能再使用工业经济时代管理体力劳动者的管理、控制和考核方法，而要营造宽松、平等和民主的环境，激发他们展现激情、成就自我的情怀，让每个人都有尊严的工作，让每个人都有价值的工作，让每个人都能成为创造者。

学习研究专家Marc Rosenberg认为，“最好的培训是没有培训”，不能过分倚重培训，而应超越培训，拥抱绩效支持。他认为，影响绩效的因素主要包括三方面：工作本身（Work）、工作环境（Workplace）、工作者（Worker）。研究显示，对绩效影响最大的因素并不是员工技能不足，而是工作本身的设计存在不足，比如目标不明确、输入输出不清晰、边界条件模糊、能力要求过高等，或者就是工作环境不佳，比如有外界的干扰、协同程度不高等。

培训、考核不是解决绩效不佳问题的“挡箭牌”，为了让员工实现公司所期待的绩效，或者说想提升绩效，企业首先要考虑改变工作本身，比如让工作变得更简单、更明确、更规范，其次是优化工作环境，比如提供更友好的支持、更舒服的工作条件、提供更多的工具和讯息等，最后才是考虑改变人，因为改变人是很难的，培训的设计与实施不仅成本高，而且难度大。

提升绩效

绩效考核是对管理过程的一种控制，核心目标是通过评估员工及团队、组织的绩效，对结果进行反馈、分析绩效差距来实现员工绩效的提升，进而改善企业管理水平和业绩。为了提升绩效，必须形成一个完整的持续沟通、授权、辅导的循环。

对于绩效考核来说，一定要改变传统的认识观念，要知道其重点不在考核，而是绩效。国内外众多绩效研究组织和企业都围绕绩效提升进行了积极的探索和实践，并且取得了良好的成效。以关注绩效提升为核心的绩效技术模型（HPT）以及目标在与关键成果（OKR），替代以关注绩效考核为核心的关键绩效指标（KPI）以及平衡积分卡（BSC），得到了企业组织、高层领导和员工个人更加广泛的关注和喜爱。

从 2012 美国训练发展协会（ASTD）国际年会的主题“Learn Something New, Perform Something Extraordinary”（学习新知，表现卓越）中可以明显地看到，绩效的展现已经成为人力资源专业工作者不能忽视的重点。

与此同时，大家也开始认识到，有效地改善单一人员的绩效不是一个简单的任务，如果要更进一步有效果的改善一个组织的绩效，那将是一个更加艰巨的任务。

国际绩效增进协会（ISPI）以及美国训练发展协会（ASTD，2014年更名为人才发展协会，简称“ATD”）等专业机构，近年来积极推广的绩效技术模型HPT架构，是一种采取结构化形式、系统化手段并使用多种方案来改善个人与组织绩效的手法，是一个选择、分析、设计、发展、落实、以及评量最具有成本价值效益的改善人员行为以及成就的方案程序，包含绩效分析、因素分析、以及方案选取也是解决问题的策略三个主要流程，可以应用到个人、小群体，甚至到大型组织的身上。

这种绩效技术模型与一般人力资源发展或是组织发展模式的最大不同在于关注点是不一样的，HPT模型期待专业工作者不再只从自己的角度出发，而是不带任何的假设，藉由系统性的方法，真正找出影响绩效表现的症结点。

目标和关键成果（OKR），即为确保达成企业目标的关键结构分解与实施，是一套定义和跟踪目标及其完成情况的管理工具和方法。

OKR来源于德鲁克在20世纪50年代提出的“目标管理”理论。这种理论相信，企业在任何时刻都可以选择终极目标作为企业日标，剩下的只是分解目标、进程控制和组织资源。

OKR最早由英特尔于1999年首创，后来被谷歌创投的约翰·杜尔（John Doerr）推广及引入谷歌，最后逐步在Google、Oracle、LinkedIn等高科技公司流传开来，现在已经被广泛应用于IT、风险投资、游戏、创意等以项目为主要经营单位的大小企业。

每一个谷歌的员工、团队和项目，都会自主的提出自己的 OKR，制定大目标之后，所有的团队成员分解成子目标，并设置优先级，了解主要和关键任务，每个季度之后进行相互评价，但是评价结果的高低不与薪酬和晋升直接挂钩，只是用于权衡自己的工作是否偏离了预定的轨道和方向。

与 KPI 相比，OKR 在逐级分解公司目标的基础上，细化了每个目标的关键任务和产出成果，具体到时间和数量，目标也是由团队自我设定，没有那么多、那么具体的考核数字，评价结果不与考核和晋升直接挂钩，更强调每一位员工当下的任务是什么，不会对员工产生巨大的心理压力，更加有利于鼓励员工运用创造性方法、高效率的达成目标，更加能够保证员工之间相互协作、共同一致的向着组织目标前进。

股权激励

员工激励是每一个企业都关注的问题，也是每个企业都头疼的问题！

美国哈佛大学教授威廉·詹姆士在研究中发现，在缺乏科学有效激励的情况下，人的潜能只能发挥 20% ~30%，科学有效的激励机制能够把员工另外 70% ~80% 的潜能发挥出来。

马斯洛将人的需求划分为生理需要、安全需要、社交需要、尊重需要和自我实现需要的五个层次，人的积极性和受激励的程度主要取决于以上五个层次需要的满足程度。

面对互联网技术和理念向传统行业的加快渗透，如何吸引和守住大量的优秀人才成为传统企业所面临的巨大挑战，企业激励机制的改进对于传统企业来说是亟待解决的问题。在未来的企业竞争中，只有把企业的目标收益和员工的目标收益充分匹配时，才能创造出最大价值，并最大程度地激发员工的潜力和积极性。

现实中，一些企业要么更多的采取物质激励，要么单纯强调精神激励，自然都会有失偏重、形式单一。如果不能考虑到员工的内心需要，即马斯洛需求层次的高级需要，在激励时不分层次、不分对象、不分时期、都给予物质激励，激励的边际效应自然会逐年递减，不仅企业费事费财，而且激励效果也不尽人意。

我们不能否认高薪与良好的福利待遇在某一段时期确实能够充分发挥出吸引人才、留住人才的效力，但随着员工需求的不断满足，将会产生更深层次的需求，如个人职业生涯规划、知识的需求、自我实现的需求等，这个时候高薪与良好的福利带来的刺激便会不断减弱。

企业在制定和实施激励时，必须要将物质激励与精神激励进行有机结合，保持外部的竞争性和内部的公正性，在形式上进行多样化安排，这样才能保证激励效应的最大化。特别是在激励前，一定要了解员工的需求和动机，对每个个体而言，各种需要的强度在不同时期和不同发展阶段是不相同的，企业管理者应对所属员工的需要进行细致分析和划分，找到激励员工的切入点。只有抓住员工需求的特点，针对其最强烈的需求进行激励，才能使员工产生最强的动机，解决激励不足的问题。

在薪资和福利激励上，对很多重要人才的激励措施，不能再采用传统的单纯薪酬方式，而越来越多地采用按成果付费的模式，在保持基本薪资水平与社会物价水平增幅变动匹配、提供法定福利待遇的同时，更要提供项目提成、股票期权、股权增值权、限制性股票和股票赠予计划等新兴激励方式。

在非物质激励方面，企业必须要在提供传统的荣誉鼓励基础上，更加注重关注员工的心理需求，在带薪休假、职业发展、教育培训、情感关怀、文化认同、工作生活环境等方面提供良好的体验，进一步提升员工的归宿感，建立员工不断自我激励的心理模式。

美国 SAS 软件公司、日本 NTT 公司为员工提供医疗保健、儿童照料、家庭护理等额外福利。苹果公司甚至为员工提供冷冻卵子等福利。华为公司为员工提供股权增值权力。大量的上市公司提供股票期权、股票赠予计划激励。阿里巴巴、360、小米、乐视、万科等企业纷纷开启合伙人制度建设。

GE 公司把轮岗作为实现员工职业发展的一种手段。阿里巴巴从 2003 年开始就对每一个岗位进行接班人培训计划，把文化、价值观及团队合作纳入工作考核，确保阿里文化的传承。三星公司为员工设定“带薪育儿假”“自我启发休假”制度，认为虽然短期上会因此产生人力损失，但长期来看，职员们进行充电后再回来，会给组织带来活力。

激励是一柄“双刃剑”，过度的正向激励在特定时间和对特定个体所产生的影响，在特定环境下可能适得其反，企业要注意根据实际情况，综合运用多种激励方式，把激励的手段和目的结合起来，真正建立起适应企业特色、时代特点和员工需求的开放的激励体系。

在纷繁复杂的激励理论和激励方法中，克洛斯合伙事业创始人，阿尔斯通资本合营公司的联合创始人，一个八次扭亏为盈的 CEO，迪克·克洛斯在《只管去做：运营一个优秀的企业比你想象的更简单》里提出：激励员工，或者激励任何人，最根本的还是在于鼓励和耐心。启迪所有企业家和管理者们进行新的思考。

3. 商业智能

在大数据时代，以数据为支撑的管理和决策正在成为每个国家、政府、企业、组织的智能决策模式。大数据对企业管理的变革，主要体现在推动企业管理从过去的流程驱动转变为数据驱动，具体的表现就是商业智能的应用。

商业智能（BI）的概念最早在 1996 年由加特纳集团提出，近年来随着云计算、大数据技术的发展得到加速普及和应用，是指用现代数据仓库技术、线上分析处理技术、数据挖掘和数据展现技术进行数据分析以实现商业价值。商业智能作为一种技术和工具，可以将数量庞大的原始数据转化为可用于分析的信息、知识、分析和结论，辅助业务或者决策者迅速做出正确的决定，提高决策质量。

通过商业智能，可以随机查询动态报表、掌握指标管理、随时线上分析处理、视觉化之企业仪表版、协助预测规划。运用商业智能，能够增进决策效率与改善决策品质，大幅降低整体营运成本，推动组织目标协同与行动一致。管理大师德鲁克和戴明一致认为，“不会量化就无法管理!”。在实际操作中，很多企业往往都是依靠企业高层领导的直觉和经验做决策，如果说大型企业还有一些可供参考的资料的话，很多中小型企业基本就是老板或者管理者的“拍脑袋”。这种通过直觉和感性做出的决策，经常因为缺失一些关键的信息，没有科学的数据做参考和支撑，导致形成不当决策、资源错配、资金浪费，甚至影响企业生死存亡。

在大数据时代，采用商业智能技术和工具，对来自于企业内外、海量的结构化数据和非结构化数据进行收集、分析、处理，可以使企业时刻掌握运营的真实状况，摆脱对领导层典型经验和主观判断的依赖，而让数据成为公司里的裁判，确保重大决策能够做到有的放矢。

国内外互联网企业，基本都是依靠大数据和商业智能来监测运营情况、推动智能决策和业务发展，阿里巴巴、腾讯、京东、苏宁、微众银行等推行的互联网金融业务，都是建立在网络用户行为数据的基础之上。通过对用户在网络平台上长期购买行为和支付情况的累计分析来评估用户的信用状况，并给予相应的征信额度。电子商务平台根据用户的搜索行为进行精准广告推动和物流调度。

运营监控

著名歌手那英在“雾里看花”歌曲中唱道：“雾里看花，水中望月，你能分辨这变幻莫测的世界?”“借我借我一双慧眼吧，让我把这纷扰看得清清楚楚、明明白白、真真切切!”

在信息时代以前，企业管理层对于企业的运营情况就是雾里看花、水中望月，差不多、好像、大概、可能成为描述企业运营情况的常用词。

互联网信息技术的发展，特别是大数据技术的广泛应用，就如借给企业管理层的慧眼，可以把企业看的清清楚楚、明明白白、真真切切，实现对企业经营管理各个环节、各个角落的无死角覆盖和动态化监控。

应用大数据的前提和基础是大数据的获取，这就要求企业不断审视企业运营的数据化程度：在战略层面，企业的差异化发展战略、高效率管理模式、低成本运营优势如何用数据来体现，如何保证企业在商业竞争中的有利位置？在运营层面，产品是否能够数据化？用户行为是否能够数据化？供应链是否能够数据化？生产过程能否数据化？

总之，努力推动企业经营管理从传统方法向数据展现转变，梳理公司内部数据体系，尽可能的利用大数据技术手段，将企业所有经营过程进行数据化，不断积累企业所需要的海量数据。

首先，要建立完善的信息化系统。

要梳理企业运营的数据化程度，看看产品、用户、供应链、生产制造以及经营行为能够数据化，线上线下、内部、外部的数据是否能够打通和融合，建设和完善覆盖研发、采购、生产、成本、质量、工艺、仓储、销售、客户、物流、财务、投资、办公、人力资源等全业务、全流程的信息系统。

信息系统的透明和及时性，会给企业管理层和员工带来巨大的震撼。例如，营销人员可以看到自己的客户每天销售了多少产品、还有多少库存，车间技师可以随时看到自己每天的产量、效率、消耗、成本以及和同事的对比。很多员工会说，“每个人都可以看到他们的努力正在发挥作用”，“它激励我们继续工作，想看到这些数字有所改善，这是人的本性”，“它能够让人看到每个人尝试新策略结果时候的兴奋”。

如果说结构化数据比较容易收集的话，非结构化数据的收集和整理就是企业必须面对和解决的另一个难题。现在有一些开源的技术，例如UIMA这样的框架用户分析非结构化数据，例如文本、视频和音频，挖掘数据包含的隐藏含义、关系和相关事实，确定人物、位置、公司和关系。

其次，要多渠道拉取外部数据。

对于互联网时代的企业来说，内部数据固然重要，可以真实反映企业的运营情况，但外部数据更加重要，因为外部数据是传统企业的短板，却是分析用户特征、找到真实消费需求、提升产品和服务效率质量的支撑和保障，消费者数据是当前大部分传统制造企业最稀缺的。

在以连接为特点的互联网经济和以全量海量数据为追求的大数据时代，任何一家孤立的单一企业都不可能拥有足够多足够好的数据，只有联合起来实现数据共享共用才是发展之道。

可以通过网络爬虫等技术手段获取网络公开数据，利用大数据技术对其进行分类分析，从中挖掘出舆情走向、消费热点、品牌评论、意见领袖、用户评价等有用信息，成为企业级大数据的一个重要组成部分。

可以通过数据共享实现数据共赢发展，与有关大数据公司开展合作，与相关数据管理方和需求方进行数据共享，使大家共同走出大数据沙漠，拥有大数据视野，从而轻松便捷的享受到大数据带来的优势。

最后，要建设大数据聚合平台。

有些企业虽然建立了一些信息系统，每个信息系统中也积累了大量的数据，但是在这些信息系统中，大量的数据是分散的，有些数据是重复，有些数据是空白的，有些数据甚至是不统一的。

企业要把建设数据中心纳入议事日程，通过建设信息数据集成共享体系、主数据管理系统及数据交换服务系统，实现对信息资源标准体系的维护和管理，实现跨系统、跨企业间的数据交换集成，避免各应用系统出现数据孤岛和数据冲突，并在集中分析内外所有数据的基础上，更加精准地展现企业运营情况以及在市场和行业中的位置。通过数据中心，可以实现企业行政、管理、计划等综合统筹工作以及生产、财务、销售等经济运行的及时性、可视化展现，实现对企业业务活动和核心业务资源活动的监测。

数据分析

浩瀚的数据就像一片内藏宝藏的大沙漠，大数据的收集只是基础。只有在实现内外数据实时共享、充分整合的基础上进行数据挖掘，才能实现智能决策和数据驱动。

数据分析是指用适当的统计分析方法，对收集来的大量数据进行分析，提取有用信息和形成结论，而对数据加以详细研究和概括总结的过程。

数据分析是数学与计算机科学相结合的产物，随着计算基数的发展而逐步得到推广应用。通过数据分析，可以全方位的了解企业运营情况和客户行为，帮助管理者作出判断，以便采取适当行动。

数据分析主要依赖数据挖掘技术，数据挖掘是指从大量的数据中通过算法搜索隐藏于其中信息的过程，通过统计、在线分析处理、情报检索、机器学习、专家系统（依靠过去的经验法则）和模式识别等诸多方法来实现目标。

数据挖掘采用分类、估计、预测、相关性分组或关联规则、聚类、描述和可视化等算法。这些算法主要依赖数学大厦进行构建，大多数商业数据挖掘软件已经实现了这些功能，方便普通人士的使用。通过使用这些数据挖掘软件，可以对存储在数据库中的数据进行分析处理，得到一定的统计和计算结果，并指导现实的决策。

把尿布和啤酒摆在一起出售，使尿布和啤酒的销量双双增加，这不是一个笑话，而是发生在美国沃尔玛超市、刊登在《哈佛商业评论》上的一个真实案例，一直被商家所津津乐道，就是因为利用了数据挖掘中的关联规则。

沃尔玛拥有世界上最大的数据仓库系统，并利用数据挖掘方法对顾客的购物行为数据进行分析和挖掘，以准确了解顾客在其门店的购买习惯和商品销售情况。沃尔玛的管理人员在分析销售数据时，发现了一个令人难以理解的现象：在某些特定的情况下，“啤酒”与“尿布”两件看上去毫无关系的商品会经常出现在同一个购物篮中。经过后续调查发现，这种现象出现是因为年轻的父亲在给婴儿购买尿布的同时，往往会顺便为自己购买啤酒，而如果在卖场只能买到两件商品之一，则很有可能会放弃购物到另一家商店购买。此后，沃尔玛开始在卖场尝试将啤酒与尿布摆放在相同的区域，从而获得了很好的商品销售收入。

按照常规思维，尿布与啤酒风马牛不相及，若不是借助数据挖掘技术对大量交易数据进行挖掘分析，沃尔玛不可能发现这个有价值的规律。到目前，关联规则挖掘技术已经被广泛应用在百货超市和金融行业企业中，帮助企业成功预测客户需求，有效进行产品搭配。

当前，大数据产业快速发展，出现了 tableau、IBM 大数据平台、大数据魔镜等各种大数据可视化分析商业应用，为众多自身无法独立建立大数据体系的中小企业带了福音。如果企业自身无法建立大数据体系，那也可以采取“借鸡生蛋”的策略，借助现在国内外的大数据技术研发公司的技术或者使用他们的数据分析产品，省去企业自身进行数据整理、分析等一系列繁杂过程，直接从企业原始数据到可视化分析效果，以最小的成本获取最大化的利益。

智能决策

建立信息系统实现运营监控，采用数据挖掘技术实现数据分析，开展综合绩效、发展能力、竞争能力、风险管控等方面的分析，对企业经营管理中存在的异动和问题进行警示，最终的目标都是为了实现商业智能，以通过大数据分析应用来预测用户未来有什么新需求来指导研发，判断哪些产品是用户当前真正需要的来指导生产计划，分析目标用户、用户个性、转化方式来指导市场与营销，通过消费行为追踪对客户流失实现预警并给出挽回策略。

随着互联网技术的发展，专业信息服务和电子商务大行其道，互联网上的企业和产品相关经济信息内容与规模迅速膨胀。在面对复杂的经营管理问题时，无论是单纯依赖企业自身拥有的信息系统的信息，还是单纯依赖通过互联网采集的信息，做出的决策都是不够科学的。

对专业信息服务提供的外部信息和企业信息系统提供的内部信息进一步处理，使他们提供的决策支持信息与决策问题产生联系，并按照不同的决策属性进行整合分析，寻求科学的决策方案，必须依靠智能决策支持系统来完成。

商业智能建立在智能决策支持系统（EIDSS）基础之上，而智能决策支持系统则是人工智能（AI）与决策支持系统（DSS）相结合，应用专家系统（ES）技术，使决策支持系统（DSS）能够更充分地应用人类的知识，如关于决策问题的描述性知识，决策过程中的过程性知识，求解问题的推理性知识，通过逻辑推理来帮助解决复杂的决策问题的辅助决策系统。

智能决策支持系统基于互联网、融入搜索引擎和数据挖掘等成熟的技术，采用基于规则的表达方式，包括人工交互、信息传递、问题分析求解、互联网信息采集与存储、企业数据存储、定量分析与模型、定性分析与知识七大模块化子系统，将系统网络结构从企业内部延伸到企业外部，充分利用了各层次的信息资源，开发成本低，功能强大，容易维护，实用性好，使企业决策者能够更好地寻找合作伙伴、更好地开展商务活动、更高效地进行经营决策。

商业智能的关键，是来自企业业务系统的订单、库存、交易账目、客户和供应商资料，和来自企业所处行业和竞争对手的数据，以及来自企业所处的其他外部环境中的各种数据中，提取出那些真正有用的数据并进行清理，以保证数据的正确性。然后经过抽取、转换和装载，合并到一个企业级的数据仓库里，从而得到企业有关数据的全局视图，再利用合适的查询和分析工具、数据挖掘工具、联机分析处理工具等对其进行分析和处理，将其转化为知识呈现给管理者，为企业管理者做出明智的决策提供支持。

优秀的可视化是数据决策的基础，清晰可见的呈现出数据和发现数据的过程一样重要。通过可视化工具创建热图、数据关系树图以及空间地理图，能够帮助决策者在几分钟内看懂一个市场变化趋势和企业运行状况，从而做出正确的决策。也可以通过线上线下聚集的大数据来进行客户洞察画像，形成客户的360度视图，为企业推行差异化营销、个性化营销和精准推介提供支持，使企业能够针对不同分级分类的消费者提供不同的营销方法和增值服务。

随着计算性能的几何级扩张，人工智能技术的不断突破，数据库管理系统的并行处理能力，进一步促进了智能决策支持系统的广泛应用，通过更深入的模型设计和机器学习，大数据未来一定可以为我们实现更加智能的应用。

面对海量数据，没有理论指导，数据收集和分析就会陷入盲目，计算机也将不知从何入手和选择处理变量，必然要求数据科学家凭借专业知识、直觉和灵感来为电脑程序设立数据处理和分析模式，最终形成机器学习。

模型设计和机器学习基于一定的假设，天然带有设计者的“倾向性”。如果这种“倾向性”不加控制，就会导致固执、偏见、误导，以至错误的决策。因此，建立在主观“倾向性”基础上的数据分析获得智能决策之后，得到的方法是否正确仍然要接受客观的“预测准确率”、也就是实践的结果来检测，并以此调整数据分析和智能决策模型。

4. 内部创业

在传统的企业管理中，很多企业对在职员工都有明文规定，不准他们进行自主创业或兼职，而有些企业即使没有明文规定，但是这一条原则基本上也是约定熟成的。但是，有些员工又不会只是甘于在为企业创造大量利润的同时，自身创业的欲望又无法得到满足，甚至出现了有些员工利用企业资源、职务便利开展其他业务活动、中饱私囊的情况。

长此以往，这种状况必然会导致两个后果：要么就是员工的自我消沉，要么就是有能力者跳槽离职，甚至一次性带走企业的一些关键资源，这两个结果当然都是企业和企业领导者所不愿意看到的。

企业中的一些优秀创业型员工若想大展拳脚，他们需要的不是企业暂时性、小金额的物质奖励甚至是纯粹的精神鼓励，他们更多需要的则是一个资源能力开放、可以展现自我价值、实现理念和知识增值的内部创新创业平台，让他们有机会体验自主创业、中流击水的过程与收获。

特别是在互联网经济下，人的个性得到充分释放，人力资源的价值越来越得到凸显，创新创业的环境和条件日益完善，只有好的创意、好的团队和商业计划书，很容易就可以得到风险投资、天使投资，企业员工辞职创业现象也更加屡见不鲜。

与此同时，在当今巨变的时代，企业面临比以前更大数量的竞争对手和更加快速的市场消费需求变化，这些大型企业纷纷受制于传统发展模式的“瓶颈”和束缚，出现了创新“瓶颈”和大企业病，越来越无法应对快速变化的商业环境和市场需求，对于企业发展转型的需求日益迫切，但是又没有壮士断腕的决心去完全抛弃传统业务进行大幅度转型，更希望能用最小的代价来引领企业的未来。而优秀人才因为待遇不高、升迁受阻、理念摩擦等问题的存在以及实现知识增值、自我价值的更高层次追求不断出走，更使企业的人才队伍和创新来源难以为继。

“与其被别人颠覆，不如自我颠覆”。正是在这种背景下，内部创业的概念应运而生，由一些有创业意向的企业员工发起，在企业的支持下承担企业内部某些业务内容或工作项目，进行创业并与企业分享成果的创业模式。这种激励方式不仅可以满足员工的创新欲望和创业梦想，更重要的是同时也能医治“大企业病”，激发企业内部活力，改善内部分配机制，成为留住优秀人才的撒手锏。

通过大力鼓励和支持员工内部创业，既可以留住核心人才和培育员工的创新创业精神，又能够降低企业试错风险、推动企业转型、找到新的经济增长点，甚至进而培育和强化企业新的核心竞争力，是一种真正推动员工和企业共同成长、实现双赢的创新体系和管理制度，成为企业的一种重要战略。《财富》杂志在 20 世纪末的调查表明，当时国外已经有超过 60% 的大公司在积极尝试这种战略新方式。

内部创业这一概念最早于 1978 年由吉福特·平肖（Gifford Pinchot Ⅲ）和他的妻子伊丽莎白·平肖（Elizabeth Pinchot）在一篇论文《企业内部创业》中首先提出，并在 1985 年出版的《内部创业：为何你不再需要离开公司成为企业家》中结合 3M、杜邦、GE 等公司内部创业实践做了详细阐述。

彼时，美国很多企业开始尝试内部创业，进行业务流程再造和结构重组，以提高企业竞争力。随后，日本松下、富士通，台湾宏碁等企业也开始了内部创业机制。3M 公司允许员工花费 15% 的工作时间用于开发自己心目中的新产品，如果认为某个项目前景诱人，可以向所在部门申请资助。发展到后面，内部创业也成为股权激励的一种方式，成为肯定知识、肯定创造、肯定价值的一种良好利益分享机制。

可以说，内部创业与外部收购一道成为互联网公司的标配，无论是谷歌、苹果、亚马逊，还是百度、腾讯、阿里巴巴，都鼓励内部创业，内部创业是互联网公司企业文化的一部分，巨人和盛大的单个新游戏项目、新浪的微博、搜狐的搜狗、腾讯的微信等都是这种模式的结果，微信是腾讯最成功的内部创业。

Google 鼓励自己的员工在日常工作职责以外花 20% 的时间研究自己感兴趣的项目，后来更是创立 Area 120 内部孵化器。

盛大游戏推出“20 计划”，鼓励游戏项目负责人在盛大内部创业，项目负责人最高可获得游戏 20% 的收益分成。

京东每隔一段时间就会举办创新大赛，任何员工提出的创新项目只要被看好，公司提供孵化基金和资源支持。

奇虎 360 董事长兼 CEO 周鸿祎拿出 10% 的股份寻找合伙人，提出要执行舰队策略，把一条大船变成几只勇敢无畏的舰队，把部分业务拆分独立运营，给年轻员工和业务骨干更多独立操盘的机会。

越来越多的传统企业随后也纷纷步互联网公司的后尘，开始借鉴这一模式，或早或晚、或明或暗地推行了内部创业机制，开始“裂变创业”尝试。

华为公司在 21 世纪初出台《关于内部创业的管理规定》，开创了中国民营企业建立员工内部创业制度的先河，此后又倡导成立“三人战斗小组”。

从 2014 年开始，以家电企业为首的传统制造业引领了中国的内部创业风潮，海尔、美的、长虹、TCL 等悉数登场，海尔集团提出“企业平台化、员工创客化、用户个性化”目标，转型创业创新平台，至今在其创业平台上已经孵化出2000多家小微公司。

全球最大的住宅开发商万科在2014年企业创业30周年之际推出事业合伙人计划，通过公司层面的持股和项目跟投计划，将员工和企业融为一体，并于2015年发布《万科集团内部创业管理办法》，拟拿出3亿元资金支持在万科履职2年以上的员工创业。

2015年4月，全球最大的PC生产商联想内部创业项目“神奇工场”正式运营，基于互联网模式运营智能手机、智能硬件、智能家居等产品，联想寄望它成为从硬件企业向互联网转型的重要跳板。

营造氛围

著名企业管理专家德鲁克认为，在企业创新的来源中，没有哪一种来源比意外的成功提供更多的创新机遇，但是意外的成功又是对管理层判断力的挑战。

内部创业的基础是文化和人才，鼓励创业的良好文化氛围是不亚于资金、技术、项目、市场等各种显性的创业要素之一。

创新创业在任何地方都会显得有些特立独行，在初期甚至会经常遭遇不理解、不支持和看不起，特别是当内部创业团队需要其他部门和员工的协助时，得到的大部分是嫉妒、讽刺、推诿而不是热情、关心和支持。

工作求稳、怕风险的传统观念束缚了员工创新创业的激情，创业的行为和风气还没有被社会普遍理解、赞同和支持，即使有些员工有内部创业的想法却没有动力和勇气去付诸实践。

为了推动内部创业，不仅需要制度的规范和引导，更需要凝聚共识、精神激励和文化支撑。

要努力营造鼓励创新、宽容失败、创业致富的文化氛围和价值导向，大力培育企业家精神和创客文化，鼓励那些素质高、思想新、脑子活、有激情、有闯劲的创新创业型人才投身内部创业，对创新创业予以理解、支持和宽容。

要加强对创新创业的宣传报道，把宣传创新成果与宣传创业人物结合起来，让创新创业者受到尊重，努力营造尊重劳动、尊重知识、尊重人才、尊重创造、尊重创业的良好氛围。

内部创业具有开拓性，并不是所有的创业都能取得成功，自然也会遇到困难、风险和变数，难免有失败的可能，但即使失败了，也并不意味着没有任何意义和价值，而是为企业进行了有效的探索，为最终的成功积累了宝贵的经验教训、奠定了基础。

国家倡导大众创业、万众创新，为内部创业提供了新的大舞台。在这个舞台上，每个人都可以把创新创业冲动转化为行动，把创新创业构想付诸于实践，从而找到施展自身才华、实现自身价值的用武之地。

企业内的各职能部门和各层次员工，都要转变作风、增强服务意识，尊重、关心、爱护、支持创新创业典型，积极主动地帮助他们解决创新创业中遇到的各种困难和问题。

3M、Google 公司分别提出允许员工用 15%、20% 的工作时间思考自己喜爱的事情和研发自己心目中的产品，营造出一种创业文化，提供自由和开放的空间。

甄选模式

对于具体的创业项目来说，要想取得成功，合理的项目选择、优秀的团队组建、有效的市场推广都是必要的基本条件，因此企业必须要完善创业模式，妥善处理内部创业方式的选择、内部创业股权的安排、内部创业与企业原有业务冲突的处理等方面问题。总体上看，内部创业方式有以下三种：

一是从职能部门或事业部逐步转为公司。

一开始作为事业部或者职能部门存在，在母公司庇护下开展业务，度过生存期后再成为独资子公司，或者引入外部资金组成控股子公司，通过加入互补性伙伴，增加新的观点、文化和丰富的外部资源，新公司的老总及经营团队除了要达到母公司交付的目标及任务外，也必须用心应付其他大股东随时的监督和检验。

二是内部员工转为代理商或外包业务商。

把公司的一些代理、销售等非核心业务和餐饮、物业、绿化等服务业务外包给员工作为创业机会，鼓励员工离职成为代理商和外包商，企业提供资金、产品、业务支持。

三是通过创业大赛实施风险投资。

企业内部成立创业基金或风险投资基金，对于企业内工作满一定年限的员工，在公司定期举办的创业大赛上提交创业计划书，综合考虑可行性、风险性、收益性后，对被选上的项目投入创业基金、风险投资基金入股，成功后在一定条件下企业可回购创业员工所持股份，若创业失败则在一定期限内还可以回公司工作。

提供支持

内部创业与外部创业相比成功的机率更大一些，主要是因为内部创业在资金、设备、人才、业务等各方面资源利用有着显而易见的优势，创业者对于环境更加熟悉，创业时一般也不存在资金、管理和营销网络等方面的困扰，心理负担相对小一些，可以集中精力于新产品的开发与拓展，依靠母公司的生产线、财务、人员、声誉、渠道、业务等资源，内部创业项目更加容易度过生存期。

一要提升创业技能。

通过举办创业培训、创业讲堂等方式，邀请国内知名创业人士分享创业经验，针对创业融资、团队建设、政策扶持等方面开展专题培训，组织到各类众创平台和空间进行横向交流学习等。

二要搭建合作平台。

搭建融资、业务、科研等方面平台，让优秀创业项目能够及时被资本市场所关注，帮助创业者加强与政府部门、科研院校、企业家、投资机构等开展交流合作。

三要完善创业制度。

通过对内部创业目的、意义、对象、范围、程序、原则、流程、管理机构、约束条件、投资标准等进行明确，指导员工更有目的和针对性地选择创业方向和项目，内部创业的机会主要来源于员工的创新点子或者业务流程中出现的问题，也可能是客户或者内部提出的某种需求。

企业在推动内部创业的过程中，一定要处理好业务关系和利益分配，内部创业项目必须与主业有一定的关联度，至少不违背公司的战略目标和方向，特别是不能与现有的业务太过雷同和契合。

对于传统企业来说，最难处理、也是最敏感的，还是内部创业企业与母公司出现业务竞争关系时如何处理的问题。

柯达公司内部创业出现的数码相机因为与母公司的业务存在完全替代的竞争关系，最终得不到母公司的资源支持而胎死腹中，而柯达公司也在数码时代退出了历史舞台，双输局面令人扼腕叹息。

华为最初开展内部创业孵化出的港湾公司，不仅导致以华为最年轻的副总级首席工程师李一男为首的优秀团队出走，而且在业务上与华为开展了激烈的竞争和全面的对抗，虽然最终以华为收购港湾的形式收尾，但无论是对于华为还是对于李一男都可以说是得不偿失。

第四节　创想升维重构商业生态

商业模式，就是创造和传递客户价值以及公司价值的系统，体现为企业通过给用户提供什么价值来如何赚钱的解决方案，商业模式不仅要指出方向，而且还要告诉企业详细的路线图，是企业的立命之本。

现代企业之间的竞争，不再是单一的产品、渠道、营销、供应链之间的某个环节的竞争，而是由这个价值活动所构成的价值链之间的竞争，是系统的竞争，是商业模式之间的竞争。

互联网技术和互联网经济的飞速发展，对传统的商业模式造成了巨大的冲击，企业面临巨大的转型压力，这种压力来自于技术的进步，来自于生产方式的改变，来自于生活方式的改变，来自于行业竞争的变化，来自于客户需求的改变，来自于政策的改变，靠单一的产品和技术、靠一个点子或者投机已经无法打天下，企业必须重塑商业关系，系统、创新设计商业模式。

随着互联网经济的蓬勃发展和互联网思维的热议，社会各界提出了，如粉丝经济、屌丝经济、免费经济、跨界经济、长尾经济、B2C、B2B、C2C 等商业模式，其实这些都不能算是真正的商业模式，而只是企业采取的一种经营策略，或是商业模式的一种表现形式。

在当前互联网经济里，真正的核心商业模式只有四种：以流量＋中介为主要特征的平台商业模式，以线上＋线下为主要特征的双线融合商业模式，以终端＋应用为主要特征的软硬一体商业模式，以产品＋服务为主要特征的虚实结合商业模式。四种商业模式都具有互联网经济独特的连接一切、用户主权、生态协同、数据驱动四大商业基因，相互之间既有明显的区别，也有大量的交叉融合。

对于现代企业来说，要认真研究自身产业实际和企业资源，可以选择其中一种、也可以选择其中几种同时进行，如果没有能力独立自主地搭建其中某种商业模式，那么就必须积极地加入到全行业、全国乃至全球的某种商业模式生态系统中以实现自己的存在价值。

1. 平台为王

在互联网时代，如何认识平台？如何发现和确定与平台的关系，如何培育或适应平台生态，成为每个企业最关键的战略思考之一，“平台为王”甚至被互联网企业奉为圭臬，成为众多风险投资推崇备至、甚至是评估互联网企业是否成功的唯一标准，也是众多传统企业趋之若鹜的主流转型方向，是否应该做平台以及能否做平台是所有企业共同热议的话题，做平台成为几乎所有互联网企业和传统企业的共同梦想。

其实，平台商业模式并不是互联网经济所独有，传统的百货公司、零售公司、批发市场就是最典型的平台商业模式，只不过由于受到人流、物流、信息流、资金流运行的限制，导致覆盖面被限制在一定的物理距离之内，商业平台只能为覆盖范围内的少量用户提供一定数量的产品又必须承担高昂的运营成本，所有用户之间也只能通过有限的机会和有限的时间交流信息和使用经验。

快速发展的信息技术，成为平台商业模式的助推器和放大器，使实现网络效应的成本更低、规模更大。正是互联网具备的强大网络效应，给传统的“平台”插上了科技的翅膀，让古老的“平台”冲破了时间和空间的束缚，成为霸气十足、极具统治力、最具影响力的商业模式。

苹果、亚马逊、Facebook 因平台而繁荣，百度、腾讯、阿里巴巴因平台而成为中国最具价值的公司，苏宁、海尔等传统企业向平台商业模式转型。

广西“互联网 +”产品二维码中心是全国首个省级“二维码”中心，集成广西特色产品营销防伪溯源发码平台，“互联网 +”流通孵化基地与名优产品展示中心三大功能于一体，为广西所有特色产品贴上了独一无二的二维码“身份证”，为广西各地市、县提供电商、物流、清分结算等“互联网 +”基础技术应用的培训，集中展示展全区优秀电商产品（快速消费品、农产品等）并向全国市场、大型电商平台集中推荐等，推动各类要素资源聚集、开放和共享，得到广西区领导的高度赞扬以及有关部门单位的大力支持。

“希望微物”“微助八桂”两个公益平台从解决传统公益过程不透明、供需无交互的痛点出发，基于互联网、移动互联网、电子商务、云计算、大数据等相关技术，将公益资源与扶贫需求实现点对点的一一对接，捐赠人和受助人通过网络直接联系进行自主选择，从而实现“受者所需、捐者愿捐、按量及时、双向匹配、直达手中、全程透明”的“精准扶贫”和“微助扶贫”，提高了社会闲置资源、帮扶资源利用效率，提升了精准扶贫效果。

平台就是生态体系

平台战略研究专家、麻省理工大学斯隆管理学院教授迈克尔·A·库斯玛诺对“平台”的定义是：首先要有被众多公司应用的基础技术或产品（或服务），其次要将众多参与方汇聚于一个共同的目的，最后通过更多用户、更多补充的产品或服务使其价值呈几何级数增长。

美国普渡大学战略管理学博士、中欧国际工商学院战略学副教授陈威如和现任 Prophesee 世界观概念公司故事总监、White Chaos 创意工坊负责人、中欧国际工商学院管理学硕士余卓轩在《平台战略：正在席卷全球的商业模式革命》中指出：平台商业模式的精髓，在于打造一个完善的、成长潜能强大的“生态圈”，拥有独树一帜的精密规范和机制系统，能有效激励多方群体之间互动，达成平台企业的愿景，其中一方群体一旦因为需求增加而壮大，另一方群体的需求也会随之增长，这种良性循环机制促进对方无限增长，通过平台模式可以达到战略目的，包括规模的壮大和生态圈的完善，乃至对抗竞争者，甚至是拆解产业现状、重塑市场格局。

从本质上讲，平台商业模式就是利用互联网的网络效应和指数增长原理，最大限度的获取规模经济效益的一种商业模式，是企业利用双边市场效应、平台的集群效应，为两个或多个特定群体的市场参与者和客户群体，提供一个具有互动机制的合作和交易的软硬件相结合的环境，并巧妙地从中来盈利的商业生态系统。

平台型商业模式具有开放化、网络化、扁平化、交互化、共赢化、生态化的特点，通过多边大量群体参与而产生的网络聚合效应，能够快速吸引大量的关键资源并实现跨界整合，集中体现了梅特卡夫准则和理德定律所体现的互联网经济优势："网络的价值以网络用户数量的平方的速度增长"，"随着互联网人数的增长，群体的网络价值呈指数级增加"，每个新用户都会因为别人的加入而获得更多的交流机会，导致信息交互的范围更加广泛、交互的次数更加频繁。

平台生态圈里的一方群体，一旦因为需求增加而壮大，另一方群体的需求也会随之增长，平台上卖方越多，对买方的吸引力越大，买方越多，对卖方的吸引力也越大，而且平台任何一方用户增多，也会促进同一方用户增多。

如此一来，一个良性循环机制便建立了，通过此平台交流的各方也会促进对方无限增长。平台商业模式的精髓，就在于打造一个完善的、成长潜能强大的"生态圈"，通过独树一帜的精密规范和机制系统有效激励多方群体之间互动。

纵观全球许多重新定义产业架构的企业我们就可以发现，它们成功的关键就是建立起良好的“平台生态圈”，连接两个以上群体，弯曲、打碎既有的产业链，从而赢得市场竞争的优势，甚至是拆解产业现状、重塑市场格局、重构商业价值，成为这个领域的新一代王者。

只要企业能够基于某个用户需求解决方案建立一个超级平台，不断聚集人气、扩大规模、延伸服务，使参与各方都能从中受益、实现共赢，就能达到平台价值、用户价值、服务价值的最大化。

平台企业处于产业链的高端，不但收益丰厚、主动权大，在竞争中也会处于较为有利的位置，而且平台具有自我成长的特性，可以让所有参与者都能实现共赢，平台企业经营得越久、用户数量越大、积累资源越多，各方收获的价值越大。

企业平台化成趋势

平台商业模式按照业务和功能属性，可以划分为垂直平台和综合平台；按照运营主体，可以划分第三方平台和自营平台。

垂直平台：是指集中资源，专注于某类细分产品或某类细分目标市场做专、做精、做深，形成垂直应用平台。比如，专注某个细分市场的唯品会、当当网、聚美优品等 B2B、B2C 电子商务企业，专注视频的优酷土豆和 PPTV 等，专注旅游的去哪儿和途牛等，专注汽车市场的汽车之家等，专注文学的盛大文学和中文在线，专注团购市场的美团等，专注生活服务的赶集网和 58 同城等，专注婚恋市场的珍爱网和世纪佳缘等，专注二手车的瓜子二手车等，专注金融投资的东方财富网和同花顺等。

综合平台：是指通过与产业链合作伙伴的合作，为客户提供多种产品和服务，甚至是用户需求一揽子解决方案，形成综合服务平台。比如，百度提供搜索导航、社区服务、生活服务、游戏娱乐、开发平台、软件工具、媒体门户、互联网金融等几大类服务，每类服务包含几种甚至十几种、几十种产品；腾讯提供社交与及时通信、游戏娱乐、媒体门户、视频、软件、互联网金融等，阿里巴巴提供电子商务、互联网金融、互联网物流等业务。

第三方平台：是指平台运营企业只负责平台的运营管理，自己不开发和提供任何平台上销售的产品和服务，专注于提升平台运营和管理能力，为供求双方提供交易中介服务，聚合更多的合作伙伴和用户，平台运营企业通过合作分成、广告、运维、数据实现盈利。这种第三方平台包括搜索平台、社交平台、交易平台、物流平台、创业平台、众筹平台等，既有实体的平台，也有虚拟的平台，既有硬件平台，也有软件平台。

自营平台：是指出产品或服务提供商自身建设经营的平台，这种平台主要作为企业与用户、企业与员工连接、互动、交易的渠道，一般不提供外来的第三方产品和服务。这种平台主要是指企业自建的官方电商平台，也包括自建的社区论坛平台、微博微信平台、生产制造平台、物流服务平台、社交办公平台等。

随着互联网经济的宽带化、泛在化、融合化、共享化，用户价值更加凸显，平台已经成为一种发展趋势，任何一个企业发展到一定阶段，积累了一定的用户数量基础之后，一定会去尝试为第三方商家提供开放平台，一定会千方百计增加提供更多的产品种类，一方面可以为用户提供更多的产品、更优质的服务和更好的体验，另一方面也将为企业本身提供新的价值来源，最终实现多方共赢的良好局面。

从我国互联网企业与传统企业的实践可以看到，大部分平台型企业初期都选择做垂直应用平台，在取得一定领先地位以后，再增加产品和服务的种类，逐步向综合服务平台转变，比如阿里巴巴、腾讯、百度、京东、苏宁等；不管是垂直应用平台还是综合服务平台，大部分的第三方平台和自营平台发展到一定阶段后，都会向第三方与自营平台结合转变，比如腾讯、京东、苏宁既是自营平台，也是第三方平台。平台型企业的运营主体，也不再局限于过去纯粹的互联网公司，越来越多的传统中间商、终端商、制造商都加入到了平台商业模式中来。

打造平台商业四步走

平台商业模式虽然是大势所趋，但并不是所有企业能打造出平台，必须具备一些基本条件，也并不能一蹴而就，而要循序渐进、稳扎稳打。

认清自我明确定位。

一个平台要有发展前景、具备聚合力，一定要是一个多边参与的市场，在这个市场里要有大量的供需双方需要对接，这是网络效应发挥作用的必备条件。如果不是这样的市场，没有这个需求，那么就不值得去做平台，也不可能打造出平台。

要根据企业所在行业情况、自身资源优势进行战略分析和定位，明确企业的优劣势在哪里？发展目标是什么？目标客户是谁？提供什么产品和服务？从而确定企业自身的资源能不能支撑做平台，是完全做第三方中介平台、自营平台还是两者结合的平台，是做具备差异化的垂直平台还是做大而全的综合平台。

打造入口聚集用户。

平台企业必须具有一种核心能力和资源，可以打造出一款用户真实需要、具备独特优势的核心产品、应用或者服务，也就是要寻找一个“引爆点”。

这个产品、应用和服务的用户群体越大越好，这个共性需求越是刚性的越好，购买和使用的频次越高越好，越具备差异化竞争优势越好，对用户的黏性越大越好，因为只有这样才能逐步聚集和拥有足够多的用户流量。

这种需求可以是现有的，也可以是潜在的，如果一种产品、应用和服务是大规模用户群体的刚性、重复、黏性需求，企业有能力获得同行中规模第一的巨大规模用户，那么就为打造平台型企业提供了坚实的基础。

建立规则开放平台。

平台企业为买卖双方提供服务、促成交易，买卖双方任何一方数量的增长，都能促进另外一方的数量增长。要坚持合作共赢、先人后己的原则，建立利益共享机制，聚集更多参与方形成利益共同体。

平台游戏规则一定要公开透明，满足需求和供给双方的交互需求，推动众多供给方的公平竞争，特别是平台企业要把握自己的定位，控制自己的欲望，最好不要与合作伙伴产生直接的竞争关系，更不能痴迷于上下游都自己做、利润自己吃的“吃独食”，而要大幅降低企业协作成本，扶持合作伙伴成长，共同创造出一个具备竞争力的商业生态集群，只有在平台上经营的合作伙伴良性成长，平台才能生存和壮大，只有让合作伙伴赚大头、自己赚小头，才能做成所有合作伙伴的平台。

衍生产品自我成长。

以所拥有的巨大用户数量和用户行为数据为依托，充分发挥网络经济边际成本极低或者几乎为零的独特优势，分析寻找用户群体的其他共性需求，逐步提供更多的衍生产品、应用和服务，迅速扩展和做大平台，实现更大的平台价值。

不断地做大用户规模，不断地提升平台人气，不断地增加衍生产品，可以推动平台不断成长，可以提高参与各方的转换成本，也能从中发现越来越多的商业机会，使平台成为一个越滚越大的雪球，可以实现自我成长、无限扩张。

2. 双线融合

在互联网经济蓬勃发展以前，大部分企业依赖实体零售渠道向消费者提供产品和服务，很少一部分企业以巨大的销售人员体系实现企业到消费者的直销，一些企业也通过电话或者书面的产品目录来实现销售，也就是说，实体零售渠道是企业实现产品商品化的主流渠道，也是消费者对产品和服务进行体验以及实现购买交易的主要方式。

在这个传统零售渠道中，物流、人流、资金流、信息流四者高度统一，所有产品必须经过大大小小、多层级的批发商、零售商才能到消费者的手中，生产企业与用户之间存在着巨大的鸿沟，从产品生产到产品销售，从产品流通到最终购买，都无不显示着成本的递增与效率的非最佳，厂商与消费者之间的交互成本高昂且非常艰难。

随着全球经济迅速膨胀，产品在日渐成熟的市场上分配流通，传统的商业零售渠道已经不能充分满足厂商低成本与用户多样性的要求，激烈的市场竞争要求厂商必须具有高质量的产品、有竞争力的价格、快捷的供货方式、最低的渠道流通成本、最直接的交互方式和渠道。

建立在互联网基础之上的电子商务，打破了地域和时间限制，解决了信息不对称，降低了渠道成本，降低了沟通成本，提升了商业效率，提供了新的消费模式，使物流、人流、资金流、信息流的分离具备了可能，为厂商解决传统商业零售渠道固有的缺陷，达到上述新时期的目的提供了捷径，同时还随之创造出了无限新的商机，从而迅速崛起成为时代的宠儿，并在很长的时间之内成为了互联网经济的主角之一，对传统商业零售和实体经济产生了巨大的冲击，一些电子商务企业甚至一度叫嚣颠覆和消灭传统商业，一些传统生产制造企业在电子商务的冲击下也一度惶惶不可终日，甚至还出现了几个电商大佬和传统商业大佬之间的巨额赌局。

但最近两年来，虽然传统的实体离散型商业模式受到巨大冲击，但是一些传统企业还是借助互联网技术进行了有力的反击，电子商务发展的速度也在快速放缓，电子商务本身存在的不足如购物体验不良、售后服务缺失、商品质量疑虑等问题也日益彰显。

越来越多的人认识到，电子商务和传统实体商业都是企业现在及未来同等重要的组成部分，电子商务是传统商务的延伸、延续、升级，电子商务和传统商务的有机结合才是顺应时代潮流和社会发展的必然，未来会是一个无商不电、无电不商的时代，不会有纯粹的电子商务企业，也不会有纯粹的实体商务企业。

如何充分发挥电子商务与实体商务的协同效应，成为所有企业都必须解决的重要战略问题，由此也催生出电子商务与传统商务协同发展、线上客流和线下物流有效互通、线上展示与线下体验无缝嫁接的双线融合商业模式，推动了互联网经济巨头与传统实体企业之间的战略级、资本级全面合作，推动了互联网经济巨头对线下各类本地生活服务实体商业资源的全面整合。一些传统实体企业也在此领域进行了大胆有效的探索和实践，共同推动了虚实结合双线融合商业模式的发展。

双线融合商业模式的最大优点是提升了用户对企业的信任度，让用户在选择消费时感觉更加踏实。特别是随着 AR、VR 技术的发展，线下实体店的价值进一步得到凸显，成为人们生活中必不可少的一个体验场景。

《失控》一书的作者凯文·凯利在其新书《必然》中介绍了行为规则以及未然之必然走向，他预测了未来的30年里哪些领域将出现巨大的财富机会，其中关于电子商务的预测中认为，虽然现在在零售、实体店、电子商务当中有一个很明显的界限，实体店跟网店之间有很多紧张的情绪，但是虚拟店和实体店的共存是电子商务的未来，未来10~20年我们可以看到，世界上最大电商会成为最大实体店的拥有者，最大的实体店的拥有者会成为最大电商平台的拥有者，两者会相互进行融合，因为所有产品都是数字化、数据化和连接化的。

“海韵之友”以遍布大街小巷的零售终端为基础，配套可以解决同城近程物流配送问题的飞鱼物流系统，以及可以解决跨平台多渠道支付、跨平台跨业态积分、跨领域跨实体兑换问题的交行海韵清分与积分系统，将传统产业与微信社交平台深度结合与拓展，利用微信社交功能和口碑功能，通过互动、社群、口碑、客服、评价及大数据等功能体系支撑，提高营销和推广的精准性和效率，增强用户体验与粘性，提高平台生命力。

“海韵之友”对社会来说增加了就业、促进了资源流通、培育了广西本土电商市场、提高了零售市场流通环节电商化率，对于品牌商家来说提供了落地广西市场的新渠道，对零售户来说增加了客流量、扩大了经营半径、提升了盈利水平，对消费者来说解决了实际生活需求、提供了方便的购物体验、享受了贴心的服务过程，真正实现了多方共赢。

深度融合破壁垒

双线融合也就是线上＋线下的商业模式，被社会各界简称为 O2O，指将线下的商务机会与互联网结合在一起，发挥互联网广为流通、提升效率、使用便利的特点，让互联网成为线下交易的后台和前台。

O2O 的概念最早起源于美国，最近两三年在国内得到蓬勃发展，刚开始是作为本地生活服务电商化提出来的，与传统电子商务模式 B2B、B2C、C2C 三者并列而谈，前期如携程、大众点评、赶集网、58 同城等都是基于这种理念，再到后来苏宁集团提出 O2O 全渠道才是商务的未来，并全面朝这个方向进行转型。实际上，B2B、B2C、C2C 都是平台商业模式的一种表现形式，而 O2O 代表的完全是另外一种新型商业模式。

狭义的 O2O 就是线下体验、线上交易，而更广义的 O2O 应该是突破线上线下的界限，实现线上线下、虚拟现实之间的深度融合，利用广覆盖、高效率、低成本、易扩张的互联网信息技术，打破线上线下壁垒，改造传统产业链低效率环节，消灭传统产业链无效环节，最终提升整个社会生产生活效率的一种终极商业模式，也是大部分传统企业实施“互联网＋”转型的必由之路、最优之路。

双线融合多路径

双线融合商业模式按照行为发生的先后顺序大致可以分为四种。无论哪一种模式，其核心问题都是这个“＋”，也即“To”，其核心要义为线上与线下的完全融合贯通。

从线上到线下：Online To Offline，用户在线上购买或者预订服务，再到线下商户实体店体验商品和享受服务。这是目前最普遍、最容易理解的模式，其中团购就是典型代表。团购网站作为服务商和用户之间的交易平台，服务商提供折扣优惠吸引消费者，团购用户通过团购网站购买或者预订服务，然后再以团购交易单位依据到线下实体去消费。

从线下到线上：Offline To Online，用户根据线下营销信息，在线下实体店体验和选好商品，然后通过线上系统下单来购买，商家提供送货服务。从目前的情况下，一些传统的大型商业零售企业都在走这条路，充分利用实体店铺体验好的特性，通过线下实体店汇集人流转向线上平台，为广大消费者提供更多的产品和服务，从而扩大销售范围，提供更好的服务。

从线下到线上再到线下：Offline To Online To Offline，从线下营销到线上交易再到线下体验。用户在线下活动中获得相关信息并产生购买意向，然后在线上完成交易，最后在线下实现使用体验或购买行为。这种模式更多的为一些分散性的、个性化的小型生活服务类企业所采用。

从线上到线下再到线上：Online To Offline To Offline，从线上营销，到线下体验，再到线上交易。用户在线上活动中获得相关信息并产生购买意向，然后到线下的实体店中进行体验，最后回到线上完成购买行为。这种模式主要为传统生产制造商家所采用。

协同互动是核心

双线融合商业模式中，既有线上和线下属于同一家企业运营的，也有线上和线下分属不同企业运营的，从线下到线上再到线下、从线上到线下再到线上两种类型中的两个线下、两个线上也可能分属两个运营主体。

打造双线平台。

作为双线融合商业模式的前提，就是企业必须拥有线上和线下两个平台，尽可能地提高在线覆盖率，增加被潜在用户发掘的机会。线上平台和线下平台有都是自营的，也有其中某种平台属于第三方的，但是两种平台之间必须通过互联网进行连接，必须利用互联网技术搭建企业自主的信息化系统，形成聚合内外系统各类数据的大数据库平台，实现企业内部数据平台与外界数据或者平台的兼容与扩展，从而在品牌与用户之间构建起有效的沟通桥梁，提高曝光率和覆盖面。

这里的线上平台，既包括自主和第三方的电子商务平台，也包括自主和第三方的媒体传播平台，还包括促销管理、用户管理和会员平台，如微博、微信、APP 等。这里的线下平台，既包括企业自营的实体体验店，也包括第三方的商业零售公司提供的实体体验店，以及一些分散的小型零售店。如果一家企业同时拥有线上线下两种类型的强大平台，那就为构建双线融合商业模式提供了最好的基础条件。

如果线上线下平台的运营主体不同，也就是企业利用的是第三方平台，就必须清晰地界定企业自身和第三方平台的职责分工，同时妥善处理好用户端、支付端各个环节、参与各方的利益分配，相关各方之间要建立流畅的沟通协调机制，特别是由线上线下服务各方共同参与构成的服务链之间的节点不可过多、步骤不宜太复杂。

整合资源共享。

双线融合商业模式的实质在于线上线下两种资源的整合和共享，有效建立起用户和企业之间的信任关系。

打造线上线下两个平台只是成功的基础和前提，更重要是需要企业具有强大的资源整合能力，比如通过线上线下会员体系的全面打通，建立线上线下会员唯一标识汇集客户信息、消费数据、消费积分、消费频率等各种要素实现对用户资源的整合；通过将货品的采购、物流、仓储、接单、派单、配送等商品流通流程进行统一管理，从而实现渠道、供应链、物流资源的整合；通过汇集线上线下数据对消费者交易、行为数据进行分析，精准锁定消费倾向、消费能力、品类品牌倾向，从而实现对营销资源的有效整合等。

最终的目的就是实现线上线下两个平台资源共享，线上线下产品和服务标准及质量统一，线上线下的体验完全一致，真正做到信息互通、用户共享、利益共赢。

当前社会上存在的双线融合商业模式，大部分都没有真正实现线上线下资源的真正共享，线上线下平台上的产品和服务存在着明显的区别：一是线上线下提供的产品和服务并没有完全统一，大部分是重线下，线上提供的产品和服务质量稍次；二是在产品和服务质量相同的情况下，价格上线下高于线上，这种区别造成的重大影响，就是用户在线上与线下购买的产品或服务体验完全不同，线上说得天花乱坠，线下体验一团乱麻，甚至出现了很多关于线上提供的产品和服务都是骗人的说法，这是因为有些企业采取偏低价格的方式吸引客流，最终因为成本而降低了产品和服务的质量，造成了用户的困扰，无论是对自营企业还是第三方平台，都将造成重大的损失。

推动协同互动。

双线融合商业模式的最终结果，将是建立起一个“开放的闭环”，也就是通过各项资源的整合和每个运营环节的创新，打造出各个运营环节更透明、各种产品和服务标准更统一、各种场合消费体验更舒服、具备自我强化功能、具有高粘附性并反复循环的商业生态体系。

一方面，发挥线上最大程度地节省实体资源、缩减时间和空间、降低资金成本、凝聚用户力量的优势。另外一方面，发挥线下用户对于商品便于近距离接触和感知、检验和试用的优势，最终提供给用户优良的体验。

为此，企业要在用户前期营销和线下消费体验过程中植入品牌价值观，通过不断制造传播焦点向市场传递属于自己的声音，通过贴心的服务铸造品牌形象，所有的商业活动必须要与用户建立互动关系，让用户参与其中、乐在其中，在用户享受参与感的同时，形成对品牌的感知，最终转化为消费，为企业提供价值。

企业的任何商业活动，都必须线上线下协同开展，只有通过实践工作的反复开展，才能使线上线下的磨合逐步到位，真正形成双线融合的商业模式。要真正解决用户和商家在实体经济和虚拟经济中的各种障碍，真正实现互联网交易的闭环。

3. 软硬一体

在2G、传统PC和传统电视时代，硬件由于缺少灵魂，更多只是一个简单的零部件组装，大部分企业只专注于单一的软件或者硬件研发生产，手机、计算机、电视等设备厂商以及独立的软件厂商一般都是靠一次性销售硬件和软件产品获取利润，产品竞争比的主要是产品功能、外观设计、重量、价格等，由此手机领域诞生了诺基亚、摩托罗拉、黑莓等巨头，计算机领域诞生了IBM、戴尔、惠普等巨头，电视领域诞生了海尔、长虹、海信和TCL等家电巨头，软件领域也诞生了微软、ORACLE、CA等巨头。

在平台为王、应用为王、用户为王、内容为王的移动互联网时代，软件在移动端的安装开始面临增长的“瓶颈”，而硬件也越来越同质化和标准化。与此同时，硬件虽然没有生命力，但其载体的作用日益明显，硬件设备成为一种稀缺的入口和平台的载体。通过软硬一体商业模式提高用户体验、增强用户黏性，成为互联网时代商业竞争中的攻城利器，更是整个移动互联网时代的大势所趋，从而开启了硬件设备价值“重估”的硬件智能化新时代。

软硬一体商业模式最早由苹果公司开启。苹果公司1997年推出iMac，通过“个性化产品+生活软件”变革了台式电脑时代，2001年推出iPod，通过“iPod+iTunes”变革了音乐播放器时代，2007年推出

iPhone，通过“iPhone + iTunes + App store”开启了智能手机新时代，2010年推出iPad，通过“iPad + iTunes + App store”开启了平板电脑新时代。苹果公司在全球首创的“硬件 + 软件 + 应用 + 服务”的软硬一体商业模式，凭藉硬件、软件以及内容等服务进行一体化开发的策略，掌握了硬件、软件和服务的产业关键环节，不但创造了最有活力的iTunes、App store生态系统，还推动苹果公司用20%左右的智能手机市场占有率实现了50%以上的行业利润，而且在消费者中拥有了极高的品牌忠诚度，股价16年内上涨500倍，一度站上世界最高市值公司之巅，成为风头最劲的IT公司。

体验优化无止境

在IT产业发展早期，计算机硬件和软件一般都是由一家公司统一开发的，正是作为商用电子计算机先行者之一的IBM不再自己生产芯片和操作系统，而是选择与英特尔和微软合作，这种计算机硬件和软件产业的明确分工推动了计算机的快速发展和普及。随着计算机的逐步普及，人类进入企业IT时代，软件最开始也只是作为硬件的附加提供计算功能和外物辅助，提升统计计算、工程设计、生产管理、行政办公的效率。

伴随着互联网产业的快速发展，互联网用户群体快速增加，核心IT设备PC从每个办公室扩展到每个家庭，人类进入了消费IT时代，软件也从硬件的附属逐步转变为硬件是软件的附庸。特别是近几年呈现的云计算、大数据的核心都是软件，软件从驱动办公室自动办公设备、为数亿办公室白领用户服务、为生产流程管理服务，扩展到软件驱动互联网为数十亿普通消费者的生活、娱乐、信息消费服务，软件对经济社会的作用开始猛增。

由此，软件开始重新定义一切，继智能手机、平板电脑被软件重新定义之后，其他 IT 产品以及电视机、冰箱、鞋子、手表、眼镜等传统工业产品也加入被定义的行列，甚至汽车等大宗消费品也都在被重新定义，只要为各类硬件产品增加一个操作系统，产品似乎就拥有了无穷的魔力，物理功能可以尽量简单，应用功能可以无限丰富，功能还可以无限拓展、能力可以不断升级。

比如，手机上安装操作系统后，简直成了一个移动计算机，计算、办公、支付、导航、视频、音乐等功能无所不包，利用智能手机 APP 软件，通过特斯拉 Model S. 的操作系统，能够控制多媒体功能、通信、客舱功能、车辆功能等，可以实现车辆的远程控制，可以通过互联网实时更新操作系统。

软硬一体商业模式中的硬，既指常规的计算机各种物理装置，更是指作为用户接入移动互联网最重要窗口的各种终端设备，软硬一体商业模式中的软，是指依存于硬件终端上的所有程序、数据和相关文件的集合组成的应用和服务。

软硬一体商业模式是指一个企业通过硬件和软件相结合的研发和生产，打造终端、操作系统、应用和服务一体化的生态系统，硬件终端作为应用软件和互联网服务的载体，硬件终端、应用软件、服务三者之间相辅相承、不可分割、彼此互补，形成一个硬件产品实现“硬件 + 软件”“终端 + 应用 + 服务”“终端 + 平台 + 应用 + 内容”等全产业链的业务体系，企业不仅为用户一次性的提供硬件终端，而且还为使用该产品的用户提供长期持续的相关配套服务、各种增值服务。

软硬一体商业模式具有巨大的竞争优势。

一是降低交易成本。长期以来软硬件分离，厂商之间多是商业层面的短期合作，各有利益，而通过软硬一体整合，可以最大限度的降低交易成本，而节省的成本可以使广大用户得到最大的实惠。

二是提升盈利。通过软硬一体整合，企业收入来源更加多元化，企业不仅能从终端销售上赚钱，还能靠控制操作系统，靠开放聚集大量软件应用和内容服务来赚钱，还可以通过向第三方收取广告费来赚钱，而且三者之间互相加强、良性循环形成利润“永动机”。

三是提升用户体验。软硬一体更容易通过对每一个细节的反复调试和优化以保证达到软硬件的最佳组合，能够比较好地解决软硬件及其各个组件之间的不匹配影响性能的问题，硬件和软件、服务的深度结合，可以为用户提供更多的应用、更丰富的内容和更加优秀的用户体验，从而提升产品的竞争力，用户使用率越高，产品黏性越强，用户转换成本越高。

四是增强产业链话语权。如果企业拥有一个具备巨大用户规模的终端，再加上有力的终端操作系统，以及对终端能力等资源进行有效的应用开发与市场推广，提供针对性的应用服务并进行整合，综合发挥软件和硬件的力量，特别是通过硬件的高配低价策略，使自己的硬件产品与软件产品整合为一个用户介入互联网的终极窗口，聚集大量粉丝，最终形成良好的商业生态圈，有利于企业控制整个产业链，建立竞争壁垒。

苹果公司“硬件 + 软件 + 应用 + 服务”软硬一体商业模式的巨大成功，吸引了各类运营商、移动终端生产商、互联网公司纷纷效仿，也逐步成为大多数互联网企业和智能设备生产企业的共同选择。

亚马逊推出 kindle 阅读器使亚马逊成为数字媒体内容的霸主，并在平板电脑领域对 iPad 造成了一定冲击。

Google 在成功开发运营 Android 操作系统的基础上，以 125 亿美元收购摩托罗拉相关业务，推出一系列自有品牌硬件产品如 Nexus one 手机、Nexus 7 平板电脑、Nexus Q 播放器以及 Google Glass。

微软公司本身在 Xbox 游戏机及体感装备 Kinect 上就是软硬一体的成功案例，后面又利用其基本垄断 PC 操作系统的优势推出自有品牌 Surface 平板电脑，后来收购传统手机生产商诺基亚的目的也是为了将其 Windows 8 业务与诺基亚的设备和服务业务整合在一起，从而获得跨硬件和软件的一体化解决方案。

三星电子形成覆盖芯片、屏幕、操作系统、应用软件等核心技术的手机全产业链优势，在产品上非常注重应用程序和内容整合上的创新，并通过“三星应用商店”为消费者提供更丰富、独特的终端应用体验。

小米公司在短短四年内崛起成为估值高达 400 亿美元的新一代互联网领军企业，除了其独特的互联网营销之外，最重要的原因在于其打造出由手机、电视、机顶盒、路由器及相关配件组成的智能硬件终端，由MIUI（基于 Android 的手机操作系统）、小米 App、小米桌面等组成的应用软件，由米聊、小米云、多看阅读、Wifi、应用商店、软件市场、主题商店、游戏中心等组成的服务体系，共同结合形成的软硬一体生态系统。

百度与富士康、戴尔、长虹，腾讯与华为、阿里巴巴与天宇、魅族、360 与华为、酷派等互联网企业与通讯设备企业合作推出智能手机。

腾讯立足于其社交优势，大手笔重资源投入智能硬件产品，将文学、动漫、影业、游戏与硬件产品进行捆绑，致力于打造出一个泛娱乐的大 IP 生态，2016 年 3 月腾讯推出集玩具游戏动画为一体，通过 NFC 和蓝牙技术实现现实玩具进入虚拟游戏世界的儿童智能娱乐产品——梦想召唤王。

华为、中兴等电信设备厂商也大力进军智能终端和应用市场，开发基于自主知识产权的手机操作系统，倾力打造软件商店。

在智能电视行业，以乐视、小米为代表的互联网企业与创维、TCL 等传统的家电巨头纷纷踏上了这股浪潮，既有乐视、小米这样的横向、纵向整合独立开发者，也有爱奇艺与 TCL、创维与阿里这样的跨界合作者。

基础是核心技术

虽然苹果众多的成功已经彰显了这一商业模式的魅力，但是打造“终端＋应用＋服务”的软硬一体商业模式并不容易，更不可能一蹴而就，特别是各种资源的整合运营是一个长期、系统、动态、复杂的过程，企业必须不断创新终端能力，重构产业链，打通行业壁垒，实现资源共享，以更好的平台运营策略来丰富平台应用，满足用户的使用需求及提升用户体验，从而在竞争中获得更多的认可。

打造核心资源能力。

核心能力，是指公司能够凭借其在市场竞争中处于优势地位、且其他竞争对手很难达到或者无法复制的一种关键资源能力。

对于打造软硬一体商业模式的企业来说，这种关键资源和能力只有拥有核心资源和能力才能成功。

这种资源和能力既可以是硬件方面的，也可以是软件方面的，或者是服务方面的，但是无论是哪个方面的，都必须能够极大地满足足够多用户的需要，必须具备对其他资源和应用、服务的连接、聚合作用，从而使企业可以以此独特资源和竞争能力为基础和中心，逐步往相关领域进行扩张和延伸。

技术创新提升体验。

传统制造商基本都有一种以自我为中心、以产品为中心的情结，但是互联网时代的主要特征却是以客户为中心、以服务为中心，过去单一的软件和硬件产品一般都是一次性的、静态化的、单向的，而互联网时代的软硬一体产品却必须是重复性、数字化、智能化、互动化的，产品开发时不仅要注重产品本身，更要注重产品承载的应用，以及后续可提供的服务，既要在硬件上进行改进不断提升承载能力适应软件、服务的发展，也需要软件与硬件深度结合为用户提供更加优秀的用户体验。

要实现以上目标，没有强大的技术创新、快速迭代能力根本无法实现，企业必须引进培养一支具备较高能力和水平、适应移动互联网时代的技术创新人才队伍，积累和形成一批能够支撑软硬一体商业模式的核心技术。

整合供应丰富内容。

具备一定的核心资源和能力，或者单纯光有技术，并不一定能够保证软硬一体商业模式取得成功，因为内容、应用和服务对用户来说越来越重要，既需要企业不断进行垂直整合，也要进行横向整合，内外资源的整合是软硬一体商业模式的关键。

为了满足用户对应用、内容、服务的丰富性、个性化需求以及更好体验的要求，企业在做好内部资源整合的同时，要坚持多样、开放、共享原则，采用更加开放的姿态，创新合作方式，明确产业链分工，聚集价值链合作伙伴，激发各方参与者的热情，实现共赢发展。

4. 虚实结合

在过去的半个多世纪里，高效地制造优质产品一直是制造商能否在竞争中脱颖而出的重要标志，一家拥有先进技术和优秀产品的企业，只需要在营销中凸显其产品性能和技术优势，便能够占据市场，控制成本、扩大销量成为赚取利润的最有效途径。

随着商品经济的不断发展和技术的不断进步，产品种类日益丰富、性能和质量日趋一致，一家企业即使在某种产品上拥有独创的技术或者拥有大规模生产的低成本也难以保持长期竞争优势，资本和需求的推动将推动其他企业迅速跟进并且可以快速抹平技术的鸿沟。

企业要想在竞争中胜出、创造新的利润增长点、获得持续竞争力，必须超越单纯关注产品性能的束缚，关注整条价值链，向具备高附加值、直面用户、涵盖售前售中和售后的服务进军。

特别是在互联网经济下，制造商与用户之间的关系发生了变化，产品和服务之间的界线变得越来越模糊，在线评论使服务体验的重要性日益提升，差劲的服务会直接影响一个公司的声誉，优质的服务成为品牌成功的关键之一，而且优质的服务体验还可以促成交叉销售的机会，而大量的客户也希望不仅要确定产品坏掉时能够进行维修或更换，还希望制造商可以共担风险。

如此一来，制造商以生产为中心的战略开始弱化，如何在产业链上打造新的竞争优势，如何通过经营好产品的整个生命周期以获得最大的投资回报，成为了制造商们共同关注的新课题。

产品被重新定义为传递和消费服务的产物，产品成为“与服务捆绑的事物”，产品服务化成为一种新的趋势，推动所有制造企业重新思考产品的构思、设计和采购以及如何生产、销售和维护的各个环节，工业革命以来最重要的商业模式被瓦解，产品、服务双轮驱动成为新时期众多企业纷纷转型的方向，个别企业甚至走上了完全将产品服务化的倾向，推动众多企业纷纷从单纯的产品供应商向产品加服务的系统解决方案提供商转变，开启了全球制造业变革的新时代。

互联网、物联网、大数据技术的快速发展为这种转型提供了支撑，信息技术、数字技术广泛应用到产品的研发、生产、使用和后续服务当中，通过智能互联可以使对产品全生命周期的监测和维修打破地理和时间的限制，产品从纯粹的物质、设备、软件演变成为完全集成的硬件和软件系统，大量的产品性能、运行数据都能第一时间反馈给制造商，制造商能始终了解产品的状态，智能互联产品甚至可以执行自我诊断甚至是一般性的维护。

全球性预测和定量分析公司牛津经济研究院对全球300名制造业企业高管展开的调研结果显示，接近70%的受访者认为专注于改善生产业务，企业处于收益递减的边缘，提高生产流程效率带来的成本节约也已经达到极限，超过三分之二的制造商将提供基于绩效的服务合同，把服务作为一个差异化优势，其中超过一半的制造商计划建立服务利润中心，77%的制造商表示改善服务是提高竞争力的关键因素，82%的欧洲制造商将改善服务作为产品脱颖而出的手段，而在美国和亚洲有大约三分之二的制造商持有相同的想法。

其实，服务化概念并非一种全新的理论，在音乐、娱乐、软件、汽车等行业早就已经存在这种方式，高科技领域的软件行业公司大部分收益都来自于维护合同，汽车销售行业也一直从后续维修中获取大量的利润，一些不喜欢意外支出的客户则采取敦促制造商提供尽可能长和全的产品保修及服务承诺的方式。

互联网技术的快速发展进一步推动了这种变革深入发展，使产品演变为一系列集成服务和整体解决方案，能够在用户体验的整个生命周期内提供全新的价值，售后服务成为一种高利润的业务，现在已经有大量的制造商将其传统的单一产品制造销售商业模式彻底转变为向客户提供持续优化的服务。

比如，家电行业、可穿戴设备行业、电梯行业、装饰行业、汽车行业、航空航天以及发动机行业、医疗设备行业、重型机械装备行业等，部分富有远见的制造企业已经改变了他们的商业模式，支持销售捆绑服务，通过订购的方式进行，与产品捆绑在一起，大多数制造商可能会转变为混合模式，他们继续进行直接销售，但服务收入所占的比例将越来越高，最后服务化模式甚至完全取代交易式产品销售的模式，最新的云计算服务就是完全从以前的产品销售转向运营服务的典型代表，著名的IBM公司这些年来不断出售硬件业务、逐步向服务化转型也是典型代表。

产品走向服务化

产品服务双轮驱动商业模式区别于传统的单一产品驱动型商业模式，可以从以下几个方面进行定义。

首先，是服务从成本中心向盈利中心转变。在传统的单一产品商业模式下，客户只为购买产品买单，而不为购买服务买单，制造企业也将服务看作企业的成本中心，列入企业的销售成本进行考核，但在产品服务双轮驱动商业模式下，制造企业需要考虑在技术、人员和系统等各方面进行投资，使服务成为客户愿意购买的产品，客户不仅为产品买单，同时愿意为服务买单，在某些情况下，经过双方协商，甚至可以实行免费提供产品、按照服务收费的方式进行交易。

其次，是经营过程从产品某个阶段向整个生命周期转变。在过去，制造商与用户的交易只要产品销售完成加上质量保证期，关系就算结束了，所有权的风险在售出产品的那一刻就已经从制造商转移给了用户，但在产品服务双轮驱动商业模式下，企业不再只是经营一种产品的生产销售过程，而是覆盖到这种产品的整个生命周期，即使产品的所有权已经发生转移，但是其风险责任仍然很大程度上继续停留在制造商手中。

最后，经营对象从产品向用户转变。在传统的产品商业模式下，企业经营对象重点是产品，可以说产品的生命周期基本决定了用户的生命周期。但在产品服务双轮驱动商业模式下，制造商与客户的关系不再是简单的产品所有权转让，而是基于产品的价值持续交付，产品生命周期结束已经不再那么重要，制造商通过提供服务能够消除产品生命周期和客户关系生命周期之间的联系，也能够增强制造商与客户之间商业关系的黏性。

华为公司为了帮助运营商应对向 ICT 数字化转型带来的巨大挑战，从传统的“产品驱动 + 服务支撑”向“产品驱动 + 服务驱动”新模式转型，坚持将服务产业定位为战略投资重点，不断加强对全球交付平台及核心资产的投资建设，在全球构建起完善的产业化、本地化服务交付组织和平台，通过向运营商提供兼顾现状与中长期目标的最适合的集成商业解决方案，2014 年华为运营商服务收入即突破百亿美元，在运营商 BG 收入中的占比达到 33%。

TCL 集团 2015 年提出“为用户提供极致体验的产品与服务，让生活更精彩”的企业新愿景，立足已经形成丰富的、多层次、全系列的涵盖智能电视、智能手机、可穿戴设备，智能家居设备、系统集成接入设备、智能机顶盒（OTT）、接入附件（网卡）、智能家电等的智能产品群，和已初步形成的欢网、全球播、IMAX 家庭影院、家庭云与社区云平台、教育科技、银行支付、电商物流等服务群，建立“产品 + 服务”商业模式，将互联网应用及服务业务群单独列出强化发展，力争 5 年内再造一个全新的 TCL，实现产品和服务收入各占一半的目标。

丰田汽车多年来驰骋全球汽车市场，主要凭借的就是产品力与服务力的双轮驱动，在产品力上坚持以消费者需求为依据推进创新和开发，形成覆盖各个主流细分市场、可充分满足消费者升级增购、换购需求的标杆车型，构筑起更具竞争力的产品矩阵，在服务力上发布“心悦服务”品牌及“心悦服务，e 路呵护”服务口号，推动渠道全面升级，提出“专业、便利、安心、尊贵、信赖”五大承诺，全力构建完善的销售服务体系和“三位一体”高品质保障体系。

全球三大飞机发动机制造商之一劳斯莱斯为包括波音 787、空客

A330/340 等提供发动机，近年来提出全面维护（TotalCare）以服务为导向的产品，飞机买家不再是向其购买发动机，而是免费获得发动机的使用权，按照发动机实际使用的小时数或者是飞行里程数来签署合同，劳斯莱斯则负责确保发动机处于完美工作状态，使劳斯莱斯逐步从原来的向飞机公司出售发动机转变为提供动力服务。

全球最大的电器配电设备和工业控制制造商之一施耐德电气于 2011 年推出首个基于软件的服务系列产品 StruxureWare，将照明监控及运行、中央空调、IT 及安全性连接到一个系统中，帮助用户监控并管理包括数据中心和办公室在内的楼宇，可以为客户降低 30% 的能耗，同时减少资本支出和运营支出，提升整体业务性能，施耐德也能从中获得服务收益。

沈阳机床集团推出 i5 战略，将以前的一次性机床设备买卖变成了按小时或加工量收费的分享经济特性的服务，成为传统制造商向现代工业服务商转型升级的全新样本，得到国家和地方的大力支持，赢得了各领域客户的广泛合作。i5 智能数控系统是沈阳机床集团历时 5 年、投入 11.5 亿元巨资自主研发而成，集工业化、信息化、网络化、智能化、集成化于一体，通过智能机床连接云制造平台，打破企业间、行业间、企业与行业间的藩篱，直接连接构建智能制造体系。

沈阳机床集团董事长关锡友在接受采访时说："你有订单，我出设备，由买卖到分享，从而让企业免去巨大的初期投入成本，快速成长壮大，并由此诞生出传统制造业的新交易标准。""通过即时租赁设备，使客户买不起机床也能接收订单进行生产的‘轻资产’模式，可以轻松实现计时收费，实时收集设备情况、生产状态、资源库存等信息，做到对生产流程的精准管理，基于此，未来还将衍生出更多的赢利模式。”

品质才是核武器

打造产品服务双轮驱动商业模式，重点需要做好以下方面工作。

牢固树立服务意识。

随着企业的发展和市场竞争的加剧，过去那种由行业属性决定的客户服务，已不能与现在向客户提供的全方位客户服务同日而语，现在的客户服务已成为了一种广义的服务，包括各种有形或无形增值服务，以及通过品牌传递给客户的各种保证和承诺。

要把服务意识贯穿到所有的业务流程、管理制度、企业文化当中，根植于每一位员工的每一天的行动之中。只有在内心深处拥有强烈的服务意识，客户才能回报给你他对你产品的忠诚。

不论是对现有的客户，还是对首次联系的潜在客户，在你与他沟通和交流中，首先出现在你脑海里的应是类似“我要将这个客户服务好”“我能不能将这个客户服务好”的意念，而不是“他会不会给我下单”“他向我订多少数量，什么时候定”。

如果一个企业的每一个员工都这样想，并依此去做，那这家企业留给客户的印象将焕然一新，接不到订单的情况肯定会比不这样做的企业少得多。只有具有真正服务意识的企业才具有驰骋国际市场的最基本的竞争优势。

坚持打造卓越产品。

在产品服务双轮驱动商业模式下，产品本身的价值并没有消失，而是发生了变化和转移，产品是服务的载体、基础和前提，卓越的产品力仍然是打造产品服务双轮驱动商业模式的根本，而且要更加积极地、创新地将适用新理念、新技术应用到产品研发中来，不断提升产品的质量和水平，为服务的开展提供支撑。

作为制造企业，要努力从之前单纯生产某种产品的“农民工”向提供整体解决方案的“包工头”转变，在立足自主产品研发和生产的基础上，积极整合行业相关产品资源，并将外部产品和自主产品共同无缝整合形成系统性解决方案，提升产品力，提升产品方面的盈利能力。

制定服务创收方案。

在设计还只是停留在纸上且保持手写维修记录时，追踪产品生命周期是非常困难的。但现在，制造商拥有非常准确的数字设计和产品历史记录，可以在整个全球价值链中实现轻松共享，并能支持服务生命周期。

在产品开发设计的前期，就要把服务创收问题纳入其中进行考虑，重新思考该如何设计、创建和维修产品，转变创建和维护产品的方式，以及在制造商和客户之间交换价值的方式，使服务成为产品使用过程中必不可少的内容，通过后续的服务为客户提供更多的价值，使企业从以前的“卖奶牛”向“卖牛奶”转变。

最好的服务是从分析客户需求开始的，所以在进行服务产品设计时，一定要认真分析客户的需求，把握客户的心理，着力于解决客户的痛点，通过产品和服务协同支持模式的设计，提供多种解决方案和收费模式，使客户更加愿意采用服务收费模式，以建立更加长久持续稳定的合作关系。

持续完善服务体系。

做制造与做服务是完全不同的，不仅思维上不同，而且企业的业务流程、组织结构、人才发展和企业文化都要随之改变。要从战略上始终持续加大服务方面的资源投入，建立完善的优质服务体系，在组织架构、人员配备、业务流程体系等各个方面保证对客户的快速反应和优质服务。

在服务队伍培养方面，要持之以恒、包容开放，动员和整合内部及外部的人力资源，通过系统化的培训和考核，使之掌握各种产品的应用、各种场景的设计方案、设备安装和调试方法以及服务的基本要求和标准，打造一支具备较高专业技能、具备良好服务意识的服务队伍。

在服务网络的建设方面，建立基本覆盖全国各省市的多层次服务网点，尽可能的减少了客户的沟通环节和距离，既能有效满足客户需要，又可以利用这些服务网点加大服务提供和产品供应的宽度和品种，为公司未来获得更好的利润来源。

在流程再造方面，也按照服务驱动的要求，站在客户的角度考量，方便客户而不是方便自己，保证快速反应；要注重长期跟踪客户需求，快速对客户的需求做出响应，用高质量的服务能力和完善的服务体系赢得业界广泛持续的认同。

后记　无处不在的“互联网+”

过去，互联网、移动互联网改变了我们的生活、工作、娱乐和学习，人们不在因为时间、空间的距离而相互隔绝。

现在，云计算、大数据、物联网正以颠覆性的力量催生了全新的思维模式、产业格局和商业生态，创造了巨大的社会和经济价值。

未来，互联网技术必将把一切人、物、事、数据、流程等万事万物都将连接起来，创造一个万联网的智能社会，人类将与身边的环境更加紧密、更加快捷、更加智能的连接在一起，进一步提升人的创造力，为人类提供更加美好的生活。

消费互联网虽然已经达到巅峰，但是产业互联网大幕刚刚开启。凭借人类的聪明才智，随着科学技术的不断发展，未来还将发生我们无法预测的重大变化。但是有一点是肯定的，今后 20 年，互联网的力量将改变所有人和所有产业。未来的 20 年，将是更加精彩和激动人心的

20年。

消费互联网时代，互联网企业推动了互联网基础设施的安装、消费者的普及教育和从业者的训练培养。在产业互联网时代，传统企业必将探索出更加清晰的转型路径，打造更加完整的业务架构，构建更加多样的生态系统。

本书从笔者所在企业推进互联网化转型升级的实际出发，分享这个艰难过程中的心路历程，并不代表所有传统企业转型升级工作的全部和全貌，更不能代表所有传统企业转型升级的方向和目标，只希望为所有准备转型、正在转型的传统企业提供一些借鉴和参考。

说易行难，传统企业的互联网化转型升级，每一步都需要付出困苦的煎熬、扎实的工作以及长期的坚持。衷心希望本书能对所有阅读者有所脾益，也诚挚祝福所有的传统企业都能在互联网化转型之路上稳步前行。

感谢中国经济出版社伏建全主任和孙晓霞编辑以及其他工作人员的大力支持，在本书编辑出版过程中给予了鼎力帮助！

感谢尊敬的领导、导师、长辈张雨夏先生的教导，感谢“互联网+”实战专家王吉斌博士的鼓励，感谢所有关心、支持、帮助过我的领导和同事和朋友们！

感谢在电子科技大学的四年学习，熏陶和培养了我对信息技术和互联网世界的浓厚兴趣和高度敏感。恰逢今年是母校的60周年大庆，此书也算我为母校生日送上的一份礼物。

感谢这个时代，感谢所在行业和企业，为我提供了从容成长的平台和发挥所长的舞台。

感谢我的家人，在正常的工作之外，本书的写作占用了大量的休息时间，自然减少了对你们的陪伴。

感谢众多互联网经济、传统企业“互联网+”转型研究与实践方面的先行者，为我提供了智慧和营养。

最后，对长期关注、已经奋战和即将加入传统企业“互联网+”转型升级道路上的同人们致以崇高的敬意！

作者个人微信：runbose　　　　微信公众号：zhao－talk